Renate Ferrari

# WÖRTER HABEN

## Mit Fantasie in die Welt der Sprache

# BUNTE FLÜGEL

Christophorus

# Was dieses Buch zu sagen hat

## Der Kullerrollerhopser und die Himmelslampe

Wissen Sie, was ein Kullerrollerhopser ist? Nun – das ist ein Ball. Und was stellen Sie sich unter einem Vierbeiner vor? Nein, ein Dackel ist hier nicht gemeint. Kinder erfanden den Ausdruck für einen Stuhl, nannten diesen auch Draufsitzer oder Sitzkasten. Vielleicht erraten Sie ja die nächsten Begriffe: Was ist ein Wiegebrett oder Raufrunterschwinger? – Das ist eine Kinderschaukel. Und eine Traumschaukel oder Nachtkiste? – Ein Bett. Ein Tagmacher, Lichtbringer oder eine Himmelslampe? – Die Sonne. Ein Runterzieher oder Aufmacher ist die Türklinke. Ein Süßkaltschlecker – ein Eis am Stiel, ein schwingender Rüberhopser – ein Springseil.

Ausdrücke wie diese und noch viele, viele mehr können Kinder mit Hilfe ihrer Fantasie und ihrer Sprache erfinden. Daraus läßt sich auch ein Spiel machen: „Wir vergessen Wörter und finden neue" könnte es heißen.

Überhaupt: die Fantasie. Sie spielt eine große Rolle in diesem Buch. Denn mit Fantasie können wir Sprache für Kinder spannend machen. Zum Beispiel, wenn wir eine fantastische Geschichte erfinden …

### Frau Hausmaus geht in die Welt hinaus

Bauersmann Ackergut hat eine große grüne Matte, auf der riesige Obstspender ihre Arme in die blaue Himmelsdecke recken. Unweit davon steht das Bauernhaus der Familie Ackergut. Hier im Keller unter den alten Kartoffelsäcken ganz in der Nähe von Ackerguts Kartoffelkiste wohnt Frau Hausmaus in ihrem winzigen Mausehaus.

An einem sonnigen Sonntagmorgen verläßt Frau Hausmaus ihr kuschliges, puschliges, minikleines Mausehaus. „Wie herrlich ist´s im Sonnenschein, zu wandern, zu wandern, zu wandern ganz allein", piepst Frau Hausmaus fri-fra-fröhlich vor sich hin und tippelt zur Kellerluke hinaus, tippe-tippe-tipp, tippe-tippe-tipp. Schon ist sie in Ackerguts Tomaten-Kraut-Salat-und-Rüben-Gemüsegarten. Doch allein ist sie keineswegs, pssssst, auch der junge

Kater Schnurrdilaut und die freundliche Katze Maunzdifein, psssst, schli-schla-schleichen hier umher und – entdecken das griesegraue Mäuslein klein.

„Sieh da! Frau Hausmaus kroch heute aus dem Mausehaus raus", schnurrt der Kater Schnurrdilaut seiner Frau Maunzdifein zu.

„Komm, spielen wir mit ihr, zuerst nur ich, dann wir", maunzt mucksmäuschenstill Frau Maunzdifein, zieht ihre Kritze-Kratze-Krallen ein und schli-schla-schleicht auf Sammetpfoten voran, kommt li-la-langsam ganz nah an Frau Hausmaus ran.

Doch da ertönt sehr wild und laut: „Wau, wau, wau, krrrrrr, wau-wau!" Das ist Scharfzahnbeißer, Bauer Ackerguts Bauernhaushund. Er hat die Mäuseräuber mit seiner Super-hyper-Schnüffel-Nase gleich entdeckt. Zu gerne hätte er die beiden beim Schwanz gepackt. Doch Schnurrdilaut und Maunzdifein sind schon auf den alten Birnenspender gesprungen. Unbeweglich steht der hier – als wäre nichts geschehen.

Und Frau Hausmaus?

Fast zu Tode erschrocken von Scharfzahnbeißers lautem Gebell, huschte sie, husch-di-busch, tippe-tippe-tipp, blitzschnell ins Mausehaus. Ein wenig enttäuscht, piepst sie darinnen nun: „Psi-di-di, ti-ki-li, so-do-do, so herrlich war´s im Sonnenschein, doch gefährlich für mich allein! Di-dei, di-di, psi-si-si."

Unter den alten Kartoffelsäcken in ihrem Mausehaus lauscht sie nun dem Gemurmel und Getuschel, Gepolter und Getöse der braunen Rumpel-Pumpel-Erdäpfel. Bei denen geht's heute um das Abenteuer der beiden Bodengeister Bollendreck und Pratscheklump. Aufmerksam hört Frau Hausmaus in ihrem Mausehaus der Geschichte zu:

„Holterpolter knubbeldick,
brummelbrammel knollewick.
Judidau und träckerkram,
dillevonda bumsdalam.
Hurtig, wit-wit, pom-de-tehr,
schwupp-di-wupp-di-lure-schwer.

*Rumsdiplumps und ding-da-drauf,
kullerpuller auf-de-hauf.
Schwappe-klapp, bumm-au-wewe,
rutschefutsch, grumm-pumm-ade."*

Dann aber wird sie mü-ü-ü-de und schlä-ä-ä-frig, gä-ä-ä-hnt und rä-ä-ä-kelt sich, streckt sich auf ihrem Sacklager aus und fällt in einen tiefen Hausmausschlummerschlaf. Und wer gute Lauscher hat, hört, was Frau Hausmaus in ihrem Mausehaus im Hausmausschlummerschlaf im Traum wispert:

„Firli-knirli-knarli-fax,
knusper-knasper-mausematz,
wulli-willi-qualledick,
gilli-galli-garde-wick,
brausi-brummi-brille-dei,
schnulli-schnalle-pipi-kei,
dollo-dulli-dada-pfau,
pfiffi-pfränkli-bau-wau-wau,
maunzi-schnurrdi-knurr-kaka,
kalle-kumbi-schufti-ga ..."

(Immer leiser und leiser und unverständlicher flüstern, schließlich nur noch die Lippen bewegen und verstummen, sich dann wieder den Zuhörern zuwenden.)

„Wer seine Segelfliegerhorcher auf Lauschstellung hatte und alles genau mitgehört hat, der konnte auch das Abenteuer der beiden Erdgeister Bollendreck und Pratscheklump verstehen. Wer weiß, was die braunen Erdäpfel über die Bodengeister zu erzählen hatten? Und wer hat den Hausmaustraum verstanden, den Frau Hausmaus in ihrem Mausehaus im Hausmausschlummerschlaf träumte? Der kann alles seinen Freunden erzählen oder mit ihnen die Geschichte spielen. Oder zu Papier und Farbe greifen und den Traum der kleinen Hausmaus malen oder mir ein neues Abenteuer von Frau Hausmaus aus Kellerhausen zuflüstern."

## Fantasie macht Sprache spannend

Wir sind bereits mitten im das Thema dieses Buches – nämlich, wie wir mit Fantasie das Interesse der Kinder an der Sprache wecken können. Märchen und Geschichten, lustige Verse und Fingerspiele, Gespräche über die Kinderzeit von uns Großen, kleine Abenteuer und Begebenheiten aus der Natur lassen Kinder aufhorchen und sind für sie keineswegs nur Zeitvertreib. Die Kinder erleben diese Art der Unterhaltung als wohltuende persönliche Zuwendung. Wir richten uns mit Worten, Blicken und Gesten an sie, wir lassen sie teilhaben an unseren Gefühlen, an unserer Welt – einer Welt, die Kinder noch kaum aus eigener Erfahrung kennen. Wir wecken ihre Aufmerksamkeit, ihr Interesse, ihre Neugierde. Auch mit Wortschöpfungen oder Sprachspielereien erreichen wir nicht nur das Ohr eines Kindes, sondern sein Innerstes. Und hier wohnt die Fantasie. Die Fantasie läßt Kinder voller Offenheit hören und zuhören und alles nach eigenem Empfinden in sich aufnehmen. Da entstehen Bilder im Kopf, da werden Gefühle und Träume wach. Da wird Bewegung spürbar und Leben. Da wachsen aus Wörtern Ideen.

Es gibt viele Wege, die Fantasie der Kinder und ihre Freude an der Sprache zu wecken. Eine Möglichkeit haben Sie hier bereits kennengelernt. Erzählen Sie doch gleich einmal das Abenteuer von Frau Hausmaus. Gewiß, manchen jungen Zuhörern wird es nicht leicht fallen, der Geschichte aufmerksam bis zum Schluß zu folgen. Doch sie werden ihre Freude an der fantastischen Darstellung haben und über die Namen der Tiere oder den Mäusetraum lachen. Einige werden auch gleich selbst in die Rolle der Katze schlüpfen und vom Stuhl rutschen. Oder sich als Maus, mäuschenstill, in der Kuschelecke ein Kissenlager zum Träumen einrichten. Und wer kann die Geschichte selbst erzählen oder gar eine neue erfinden? Dazu brauchen Kinder ja nur ein wenig Fantasie, ein paar Wörter und interessierte Zuhörer. – Nur? Liegt nicht gerade hier ein Problem, auf das wir heute bei vielen Kindern stoßen?

# Was willst du mir sagen?
## Immer mehr Kinder sind sprachauffällig

Fantasiearm und spracharm sind heute viele Kinder. Nicht wenige können nur mit Schwierigkeiten einen vollständigen Satz bilden oder korrekt sprechen oder auch Gefühle und Wünsche verständlich in Worte fassen. Pädagogen in Kindergärten und Schulen klagen über Sprachauffälligkeiten und Sprechstörungen. Etwa jedes vierte Kind dürfte mittlerweile sprachauffällig oder kommunikationsgestört sein, wobei die Defizite auf verschiedenen Ebenen liegen können.

Viele Kinder haben, an ihrer Entwicklung gemessen, Schwierigkeiten, einer Anweisung, einem Gespräch, einer Geschichte zu folgen. Sei es, weil ihnen das Zuhören schwerfällt, sei es, weil sie den Sinn der Wörter oder Sätze nicht erfassen.

Manche Kinder können – ohne, daß dies mit einer Entwicklungsverzögerung zu erklären wäre – bestimmte Laute nicht sprechen, sie vertauschen Laute, lassen Laute weg, sprechen Wörter falsch aus. Da heißt es dann „Die Tatze is tank" und „Oma lied im Tantenhaus", oder da verschwindet der Ball im „Bus" statt im „Busch".

Viele Kinder finden nicht die richtigen Wörter, da ihr Wortschatz unzureichend ist. Manche Kinder leiden darunter, sprechen besonders langsam und zögern bei jedem Wort.

Auch Störungen in der Grammatik werden immer häufiger. Kinder verdrehen Sätze, bilden Wort- oder Zeitformen falsch: „Gestern bin Mama und ich in Stadt wesen."

Auffälligkeiten zeigen sich zudem beim Sprechablauf. So gibt es Kinder, die nur unter Stottern oder Poltern erzählen: sie reden überhastet, undeutlich verwaschen oder haben ein unregelmäßiges Sprechtempo. Bei ihnen bleiben Satzteile oft unvollständig.

Manchen Kindern bleiben auch im wahrsten Sinne die Worte im Hals stecken, weil sie unter großem Leistungsdruck stehen und unter Versagensangst leiden.

Wie konnte und kann es zu dieser Entwicklung kommen? Erfahren Kinder nicht über die verschiedensten Medien eine Unmenge an Wörtern, an Gesprächen, an Geschichten und Neuigkeiten? Trägt denn das umfassende Fernseh-, Kassetten-, Freizeitangebot nicht eher dazu bei, daß sich der Wortschatz und das Sprachvermögen erweitern? Oder reden wir zu wenig mit den Kindern?

# Warum ist das so?
## Die Situation der Kinder heute

### Das Gespräch mit den Kindern

Ganz wesentlich für eine gesunde Sprachentwicklung ist der Dialog mit den Kindern: Jedoch sind mit den Veränderungen der Familienstrukturen und allgemein der Kindheit Gespräche in den Hintergrund gerückt.

Ein Kind wächst heute oft ohne Geschwister und Nachbarskinder, ohne Großeltern oder andere Verwandte auf, die sich ihm zuwenden könnten, denen es sich anvertrauen und bei denen es ganz einfach verweilen könnte. Nicht selten sind Eltern mit so vielen Problemen belastet, daß sie kaum Zeit und Ruhe für ihre Kinder finden. Wo soll die Muße für ein ruhiges Gespräch, für eine fröhliche Plauderei mit dem Kind herkommen, wenn man ganz mit der Bewältigung der eigenen Situation beschäftigt ist? Wo bleibt im Alltagsstreß noch Raum, um Geschichten und Märchen zu erzählen? Wer nimmt sich heute wirklich die Zeit und macht mit seinem kleinen Kind Fingerspiele und Kniereiter? Oder hört aufmerksam zu, was das Kind nach einem Kindergartentag zu berichten hat? Oft fehlt den Kindern der Austausch über persönliche Erlebnisse und Ereignisse, die der Tag, die Woche gebracht haben. In vielen Familien gibt es auch keine Rituale mehr wie etwa gemeinsame Mahlzeiten, einen geregelten Ablauf beim Zubettgehen, Geburtstagsfeiern nach bewährten und geliebten Regeln oder Feste zu kirchlichen Anlässen.

Für viele Kinder sind das Fernsehgerät, der Computer, Videospiele und Kassetten zu „Freunden" geworden, die nicht selten mit ihnen die Einsamkeit teilen. Diese „Freunde" bieten Unterhaltung – aber keinen Dialog. Sie mögen Gedanken anstoßen, helfen aber nicht, diese zu formulieren oder auszuleben. Wie und wo findet das Kind Zeit und Raum, seiner Fantasie freien Lauf zu lassen, wenn schon wieder der nächste Film beginnt, wenn es immer weiter geht mit der Berieselung? Und wer unterhält sich schon mit dem Kind ausgiebig über einen Fernsehfilm und hilft ihm, sich damit auseinanderzusetzen?

### Echte Erfahrungen

Die technischen Spielgefährten bieten auch keine Möglichkeit zur sinnlichen Wahrnehmung. Kindern bleiben grundlegende Erfahrungen, die sie mit ihrem Geruchs-, Geschmacks- oder Tastsinn machen könnten und sollten, fremd. Am Bildschirm zu sehen, wie die „Fünf Freunde" im Ferienlager auf Bäume klettern, Feuer machen, Essen zubereiten, im Gras liegen, läßt Kinder nicht erleben, welcher Zauber von einem Baum ausgehen kann, wie brennendes Holz knistert und riecht, wie eine Kokosnuß geöffnet wird und wie sie schmeckt, wie feucht das Gras an einem Sommermorgen ist ... Der Mangel an Erfahrungen schränkt Kinder in ihrer Neugierde ein und verhindert, daß eigene Bilder in ihnen aufkommen, daß sie eigene Ideen entwickeln. Warum erforschen, was sich aus Erde und Wasser, aus Papier und Farbe, aus Geschichten und Klängen so alles machen läßt? Warum Ideen entwickeln oder Probleme lösen, wenn andere, zum Beispiel der Fernsehheld, dies für einen tun? Und auch die Sprachentwicklung leidet, wenn „echte" Erfahrungen fehlen. Ein aktiver Sprachschatz wird dann kaum gefordert. Um zu beschreiben, braucht man Wörter. Wer differenzierte Erfahrungen macht, sucht nach differenzierten Wörtern oder erfindet sie. Dann kann ein Holzfeuer nicht nur brennen, sondern auch glimmen, glühen, flackern, kokeln, lodern, sprühen, rauchen oder knistern ...
Umgekehrt aber bleiben solche Ausdrücke abstrakt und inhaltsleer, wenn ein Kind sie nicht sinnlich „begriffen" hat. Leere Ausdrücke sind schwer zu merken und schwer zu verwenden.

Es gibt viele und vielschichtige Gründe, die dazu führen können, daß sich die Sprache eines Kindes nur schlecht entwickelt. Doch indem wir sie uns immer wieder bewußt machen, schaffen wir uns bereits eine Basis, auf der wir aufbauen und helfen können ...

# Was können wir tun?
## Sprachförderung hat viele Seiten

### Kinder brauchen Vorbilder

Sprachförderung liegt nicht allein in der Verantwortung der Familie, sondern auch der Institutionen, die einen Erziehungs- und Bildungsauftrag haben. Sie läßt sich nicht in kurzfristige Programme, in Zeit- oder Angebotsrahmen zwängen. Kommunikation findet immer statt, dabei ist die sprachliche Kommunikation wohl der wichtigste Teil. Denken wir in diesem Zusammenhang nur einmal an das Erziehungsverhalten, das wir kommunizieren: Wie oft sprechen wir Anweisungen, Befehle, Verbote aus: „Komm aus der Pfütze raus! ... Kannst du das nicht ordentlicher machen? ... Laß das! ...“ Hier stellt sich nicht nur die Frage nach der Wirkung, sondern auch, inwieweit wir unserer Rolle als Vorbild im Umgang mit Sprache gerecht werden. Denn wir sind Vorbild, ob wir wollen oder nicht.

Kinder ahmen unsere Sprache und unser Sprachverhalten nach, wie das Beispiel der „Muttersprache" beweist, die ein Kind mit ihrer jeweiligen Mundart oder regionalen Färbung lernt.

So wie wir unser Erziehungsverhalten immer wieder hinterfragen, müssen wir uns auch Gedanken darüber machen, wie wir unseren Kindern Sprache darbieten.

Die Art, wie wir mit Kindern reden, drückt auch unsere Wertschätzung oder Geringschätzung für sie aus.

Wir sollten Kindern Sprache kindgemäß und fantasievoll anbieten. Denn Sprache soll Vergnügen bereiten!

Wir sind auf allen sprachlichen Ebenen Vorbild – auch bei der Artikulation. Deshalb sollten wir möglichst klar und deutlich sprechen, nicht zu schnell, nicht verwaschen, ohne Wortteile zu verschlucken.

Wir sind Vorbild, aber sollten dem Kind unser Vorbild nicht aufzwingen: Wer ein Kind immer wieder explizit verbessert, baut womöglich Sprechhemmungen auf. Wenn ein Kind ein Wort falsch verwendet oder ausspricht, lassen wir das richtige Wort am besten wie beiläufig in unsere Antwort, in unser Gespräch einfließen.

### Kinder brauchen Sprachräume

Sprachräume schaffen: Dies setzt ein Umfeld voraus, in dem Kinder sich geborgen, geachtet, geliebt und verstanden fühlen. Wenn Kinder sich wohl fühlen, können sie sich positiv entwickeln. Dies gilt auch für die Entwicklung ihrer Sprache.

Dazu gehört – gerade in Einrichtungen für Kinder –, daß die reale Raumsituation überschaubar und gemütlich ist. Vor allem aber kommt es darauf an, daß die zwischenmenschliche Atmosphäre gut ist, daß wir Erwachsenen – Pädagogen wie Eltern – auf die Kinder zugehen und für sie da sind, daß Kinder die Gewißheit haben, offene Arme und offene Ohren zu finden. Denn jedes Kind braucht das Gefühl: Hier kann ich mich mitteilen, meiner Freude, meiner Trauer, meinen Gedanken und Ideen Ausdruck geben.

Wir müssen unseren Kindern auch immer wieder Gelegenheiten zum Sprechen und zu Gesprächen bieten. Und insbesondere im Kindergarten ist es wichtig darauf zu achten, daß jedes Kind seine „Sprachräume" hat, ob es Hochdeutsch oder Dialekt, Arabisch oder Spanisch spricht, ob es ein extrovertiertes, lebhaftes oder ein in sich gekehrtes, leises, schüchternes Kind ist.

Leicht lassen sich im Alltag immer wieder Gesprächssituationen schaffen, zum Beispiel in Erzählrunden:
• nach gemeinsamen Erlebnissen, etwa nach einem Ausflug oder einer besonderen Beobachtung;
• beim Betrachten eines Bilderbuchs, eines Bildes; beim Erzählen oder Vorlesen von Märchen und Geschichten;
• bei Problemen und Fragen, die im Alltag der Kinder auftreten;
• nach Konfliktsituationen in der Gruppe.

Sprachräume schaffen: Dazu gehört es genauso, Kindern von unseren Gefühlen, Ideen, Erlebnissen zu berichten, natürlich ohne sie „totzureden". Auch hier sind wir als Vorbild wichtig. Und indem wir Handlungen und

Wahrnehmungen mit Worten begleiten oder erklären, vermitteln wir ganz nebenbei situationsorientierte, hilfreiche Sprachmuster. Selbst lockeres Plaudern kann eine wertvolle Sprachsituation sein.

🦋 Darüber hinaus bieten sich ganz verschiedene fantasievolle Aktionen, wie sie dieses Buch vorschlägt, an, um Sprachräume zu schaffen und den Kindern Lust auf Sprache und Sprechen zu machen.

### Kinder brauchen Räume der Stille

Kinder können Sprachräume nur dann sinnvoll und aufmerksam erleben, wenn sie auch Räume der Stille erleben.

🦋 Worte finden nur dann Gehör, wenn ein Raum nicht ständig von Lärm erfüllt ist. Ein Kind muß die Gelegenheit haben, sich zurückzuziehen und Ruhe zu spüren. Nur dann kann es zu sich finden, nur dann kann es wirklich Kontakt zu anderen Kindern aufnehmen, um mit ihnen ins Spiel, ins Gespräch zu kommen. Nur dann kann es auch uns Erwachsene ansprechen.

🦋 Kinder brauchen ausreichend Gelegenheit, Situationen oder Dinge mit allen Sinnen aufmerksam und in Ruhe wahrzunehmen und zu begreifen. Dies fördert auch die Sprachentwicklung.

🦋 Jedesmal, wenn ein Kind sich mit einer Sache wirklich auseinandersetzt, verweilt, nachdenkt und nachspürt, in Gedanken oder auch ganz konkret experimentiert und spielt, hat es die Chance, Fantasie und Kreativität zu entwickeln – eine wesentliche Voraussetzung, sich ein Stück Welt zu erobern – auch sprachlich.

### Kinder brauchen unsere Aufmerksamkeit

Durch aufmerksames Zuhören und Erzählen, durch Blickkontakt und Zuwendung können wir Grundlagen für einen intensiven Kontakt zu einem Kind und für wesentliche Gesprächssituationen schaffen.

Aufmerksamkeit ist aber auch wichtig, um festzustellen, ob ein Kind Sprachschwierigkeiten oder -auffälligkeiten hat und eventuell wo sie liegen. ErzieherInnen und LehrerInnen sollten dann Kontakt zu den Eltern aufneh-

men, sie darauf hinweisen und auffordern, fachliche Hilfe in Anspruch zu nehmen: Am Anfang wird eine Diagnose durch den Kinder- oder Hausarzt stehen, die klärt, ob die Sprachstörung organische Ursachen hat, wie etwa Schwerhörigkeit, eine Sehschwäche oder Fehlbildungen im Nasen-Rachen-Raum. Im Bedarfsfall wird ein Spezialist für Diagnostik und Therapie hinzugezogen. Die Krankenkassen bezahlen eine Beratung und Behandlung durch niedergelassene Logopäden oder andere Therapeuten. Je früher mit einer sprachheilpädagogischen Behandlung begonnen wird, desto eher lassen sich langwierige Sprachstörungen vermeiden. Denn viele Kinder holen durch eine gezielte Förderung Rückstände schnell auf. Oftmals läßt sich so der Besuch einer Sonderschule vermeiden. Daß Sprachentwicklungsstörungen nichts mit mangelnder Intelligenz zu tun haben, versteht sich wohl von selbst, doch können sie Kinder in ihrer Gesamtentwicklung wesentlich beeinträchtigen.

ErzieherInnen und LehrerInnen können auch im Rahmen eines Elternabends auf die allgemeinen Sprachdefizite der Kinder und auf die Bedeutung von Sprachförderung aufmerksam machen. Dabei bietet es sich an, auf die vielfältigen Möglichkeiten hinzuweisen, die wir im Alltag haben, um das Sprachvermögen und das Interesse der Kinder an der Sprache zu fördern.

# Ich habe eine Idee
## Warum Sprache Fantasie braucht

Wenn es uns gelingt, Kinder zu einem fantasievollen und kreativen Umgang mit der Sprache anzuleiten, dann erlangen sie fast „von allein" ein gutes Sprachvermögen, und wir erleichtern ihnen dadurch den Weg ins Leben wesentlich.

Kinder, die sich verstanden fühlen, haben mehr Selbstbewußtsein und Selbstvertrauen. Kinder, die sich unverstanden fühlen, neigen dazu, sich minderwertig und hilflos vorzukommen. Ein Kind, das seine Sprache beherrscht, kann Gefühle und Bedürfnisse mit Worten beschreiben. Es gelingt ihm eher, sich auch bei Erwachsenen, die ja oft nur mit halbem Ohr hinhören, Gehör zu verschaffen. Doch dies erfordert auch Fantasie: Wie stelle ich es an, daß die Großen mich bemerken und hören? Wie mache ich ihnen klar, was mich bedrückt, mich ängstigt, mich freut?

Kinder können Ideen und Absichten mit Hilfe der Sprache nicht nur verständlich machen, sondern zudem besser durchsetzen. Auch hier ist Fantasie hilfreich. „Ich habe da eine Idee ..."

Träume, Wünsche, Sehnsüchte können mit Fantasie und Sprache ausgelebt werden. In der Fantasie werden Träume, Wünsche, Sehnsüchte zu Bildern, die den Kindern helfen, für sich selbst Klarheit zu finden und sich klarer zu artikulieren: „Ich wünsche mir, jetzt nicht allein zu sein. Wie schön wäre es, wenn Daniel oder Sophie bei mir wären. Dann könnten wir gemeinsam ..."

Konflikte können mit Worten viel besser als mit Fußtritten und Fausthieben gelöst werden. Fantasie und Kreativität sind hier in starkem Maß gefragt: Kreative, fantasiebegabte Kinder sind flexibel, nehmen Herausforderungen an, suchen gern nach neuen Möglichkeiten, Wegen und Auswegen. Solche Kinder lösen Streit und Konflikte lieber und leichter auf friedfertige Weise.

Doch auch Konflikte mit sich selbst lassen sich leichter klären und lösen, wenn man sie benennen und kreativ überdenken kann.

Genauso können Problemsituationen, die entstehen, weil beim Spielen, Basteln, Experimentieren Material fehlt, mit Fantasie und Sprache gelöst werden: „Ich habe keinen zweiten Bagger, aber wir könnten ja mit diesen Brettern ..."

Auch Unterhaltung wie beispielsweise eine Märchenstunde, ein Puppentheater oder ein Rollenspiel setzt voraus, daß Kinder der Sprache mächtig sind und Fantasie haben. Je größer ihr Spaß an der Sprache ist, je reicher ihre Ideen sind, um so mehr werden sie solche „Unterhaltungszeiten" mögen und für sich nutzen. Märchen, Geschichten, Theaterszenen können Kindern auch helfen, die eigene Situation oder ein persönliches Problem zu erkennen und sich damit auseinanderzusetzen.

Sprache und Fantasie bieten Kindern zudem die Möglichkeit, selbst Geschichten, Reime, Rollenspiele zu erfinden, sich damit auszudrücken und mitzuteilen.

Wer über einen guten Wortschatz und eine klare Aussprache verfügt und sich verstanden fühlt, der hat auch ein gutes Rüstzeug für die Schule. Denn nicht zuletzt gelten das Beherrschen der Sprache und der fantasievolle, kreative Umgang mit ihr zu den Schulfähigkeitsmerkmalen.

# Da mach' ich mit!
## Fantasie macht Sprache zum Erlebnis

In einer Welt, die uns mit Reizen überflutet, müssen wir Fantasie entwickeln, um die Aufmerksamkeit eines Kindes zu gewinnen: Insbesondere, wenn es darum geht, sein Interesse an Sprache zu wecken, sein „inneres Ohr" zu erreichen, denn unablässig strömen Geräusche, Klänge, gesungene und gesprochene Sprache auf seine Ohren ein. Gerade dazu will dieses Buch beitragen. Es bietet vielfältige Anregungen, wie Sie mit Fantasie die Sprache und sprachliche Kreativität der Kinder fördern können. Wenn die aktuellen Spiele, Beschäftigungsangebote, Lernprogramme die Kinder nicht

mehr in ausreichendem Maß erreichen, müssen wir mit neuen Ideen neue Wege erproben und beschreiten. Unsere Zeit ist schnelllebig, darauf sollten wir uns einrichten, aber auch die Kinder vorbereiten. Lassen wir uns – gemeinsam mit den Kindern – im Sinne eines kreativen Prozesses darauf ein. Befähigen wir die Kinder, Interesse an Neuem zu finden, es in sich aufzunehmen und voller Fantasie Eigenes hervorzubringen.

Dieses Buch möchte Sie dazu anregen, Kindern Sprache auf fantasievolle Art nahe zu bringen: Es möchte Sie anregen, Sprache durch Fantasie zu fördern – weil es mehr Spaß macht und leichter geht. Es möchte nebenbei die Fantasie fördern, weil sie die Sprache und das Sprachverhalten immer bereichern wird. Sprache ohne Fantasie ist trocken und leblos. Fantasie beflügelt den Spaß an der Sprache und die Sprache selbst.

Dazu gehört es, daß Kinder den Wert der Sprache beim genauen Zuhören, Hinhören, Verstehen neu erleben. Daß sie entdecken, wie nützlich und wichtig, aber auch wie schön Sprache in unserem Alltag ist. Daß sie begreifen, wie die Dinge unserer Welt, unsere Sinne und die Wörter unserer Sprache zusammenhängen. Daß sie die Bilder und Klänge und die Bewegung, die in der Sprache stecken, wahrnehmen. Daß sie spüren, welche Gefühle Sprache wecken kann. Daß sie Freude daran finden, mit Sprache in ihrer reichen Vielfalt umzugehen – spielerisch und in Situationen, in denen es richtig darauf ankommt.

Dieses Buch liefert Ihnen zahlreiche Anregungen für die Familie, den Kindergarten, die Schule oder für andere pädagogische Bereiche, in denen mit Kindern gearbeitet wird. Diese Anregungen können Sie einzeln in beliebiger Reihenfolge und so oft wie möglich in den Alltag integrieren, dem Tagesablauf, dem Spiel, den Interessen, den Möglichkeiten der Kinder angepaßt. Dies verlangt Aufmerksamkeit und Offenheit von Ihnen. Doch so können Sie die Sprache der Kinder am besten fördern. Denn Sprache kann nicht in einen zeitlichen Rahmen gesteckt werden. Sprache gehört zum täglichen Leben.

# Hört mal, auch Bäume haben eine Sprache

## Wir lernen hören, zuhören und verstehen

Mit den Flüssen, den Seen und den Winden reden – geht das überhaupt? Aber ja! Wir müssen nur aufmerksam sein, dann hören wir, daß auch die Natur zu uns spricht, und wir können verstehen, was sie uns zu sagen hat.

Hören und zuhören können ist die Grundlage, um verstehen zu können, und die Grundlage zum Sprechen. Wenn wir also die Sprachentwicklung der Kinder fördern möchten, müssen wir auch ihr Gehör sensibilisieren. Wir müssen ihnen Räume geben für Worte, aber auch für Stille, Räume zum Hören und Horchen.

Worte und Stille, Sprechen und Schweigen können Gegensätze sein, sie sind aber auch eng verbunden und brauchen einander. Wenn unser Gegenüber spricht, sollten wir ihm zuhören und schweigen, denn sonst verstehen wir ihn nicht. Ein Gespräch wird nur dann zum Dialog, wenn der Partner auch zuhören kann und zum Zuhören bereit ist.

Auch unsere Sprache haben wir schließlich über das Hören erlernt: Das kleine Kind hört die Stimme der Mutter, die Stimme des Vaters, es lauscht, hört zu, bevor es wirklich beginnen kann zu sprechen. Und wenn kleine Kinder in der Natur sind, reagieren sie auf jedes Geräusch: auf den Wind in den Bäumen, das Plätschern des Springbrunnens, das Zwitschern der Vögel ...

Diese Aufmerksamkeit, dieses Horchen wollen wir gemeinsam neu entdecken und erleben. Draußen in der Natur können wir die Freude der Kinder am Hören, Zuhören und Ver-stehen wecken. Warum nicht einmal hören, was ein Baum erzählt? Doch auch in den Häusern spricht die Natur zu uns: wir hören den Wind ums Haus schleichen, den Donner grollen, Regentropfen ans Fenster prasseln. Wir können auch das Gehör der Kinder sensibilisieren, wenn wir einem Tier lauschen oder das Ticken einer Uhr verfolgen ...

Und mit Hilfe der Fantasie können wir verstehen, was die Natur, die Tiere, die Dinge zu sagen haben ...

Kinder, denen dies gelingt, werden auch offen sein und Freude daran empfinden, anderen zuzuhören und andere zu verstehen.

„Laßt uns alle hier niedersitzen in der freien Prärie, wo wir keine Straße und keinen Zaun sehen. Setzen wir uns nicht auf eine Decke, unsere Körper sollen den Boden spüren, die Erde, den Widerstand der Stauden, die sich unserer Berührung anpassen. Das Gras soll unsere Matratze sein, damit wir seine Schärfe spüren und seine Weichheit. Laßt uns wie Stein sein, wie Pflanzen und Bäume. Laßt uns Tiere sein, laßt uns denken und fühlen wie sie. Horch auf die Luft! Du kannst sie hören, sie spüren, sie riechen und schmecken... Das ist ein guter Anfang, um über die Natur nachzudenken und über sie zu reden. Aber reden wir nicht nur über sie – reden wir mit ihr, sprechen wir mit den Flüssen, den Seen und den Winden wie mit unseren Verwandten."

*Lame Deer; aus: Weißt du, daß die Bäume reden? Weisheit der Indianer.*

# Hört ihr den Baum?
## Wenn wir still sind, hören wir mehr

Wir können mit den Kindern das Hören und Zuhören in der Natur neu lernen und entdecken, was die Natur uns zu sagen hat. Wir hören auf Geräusche, die wir schon lange nicht mehr bewußt wahrgenommen haben. Wir lauschen dem Gemurmel des Wassers, den zarten Stimmen der Regentropfen und der Gräser. Dies kann ganz spielerisch geschehen, in einem kleinen Park, einem Wald, auf einer Wiese, auf dem Gelände des Kindergartens, der Schule ...

### Horcht, was der Baum uns erzählt

#### Der Baum lädt uns ein

Besuchen Sie doch einmal mit den Kindern einen großen belaubten Baum, um zu hören, was er zu erzählen hat. Kinder gehen gern auf Entdeckung. Und auf solch einen Ausflug müssen sie auch nicht groß vorbereitet werden. Wie gefällt Ihnen die folgende Idee?

Die Kindergruppe bekommt eine schriftliche Einladung vom großen Kastanienbaum. Heimlich haben Sie die Einladung vorbereitet: Sie kleben ein Kastanienblatt auf ein zusammengefaltetes Papier, schneiden grob die Umrisse aus und schreiben auf die Innenseite: „Ich lade Euch herzlich ein. Treffpunkt heute vormittag unter dem großen Kastanienbaum hinter der Kirche." Mehr verraten Sie nicht. Das erhöht die Spannung und die Freude.

Zur vereinbarten Zeit ziehen Sie mit der kleinen Schar los. Wenn möglich, nehmen Sie einen Kassettenrecorder mit Mikrofon und einen Notizblock mit.

#### Der Besuch beim Baum

Die Kinder werden auf dem Spaziergang zum Baum wie gewöhnlich hüpfen, plaudern, schreien, lachen ... Um so größer wird dann die Bereitschaft sein zu schweigen, zu hören, zu lauschen, wenn Sie erklären, daß Sie am Ziel sind, daß dieser Kastanienbaum Sie eingeladen hat und daß Sie alle gemeinsam horchen wollen, was er zu erzählen weiß.

Stellen, setzen oder legen Sie sich mit den Kindern unter den großen Baum.

Wenn die Kinder zur Stille gefunden haben, horchen alle gemeinsam, was es zu hören gibt und was der Baum zu erzählen hat. Dies sollte keine Ewigkeit dauern. Da reichen für manche Kinder schon ein bis zwei Minuten aus. Sprechen Sie vorher ab, daß während dieser Zeit absolute Ruhe herrschen soll.

Ein Kassettenrecorder kann ebenfalls die Geräusche aufnehmen: möglichst zuvor die Unruhe der Kinder, dann die Ruhe und die Naturgeräusche.

Nach etwa zwei Minuten wenden Sie sich an die Kinder. „Wer möchte erzählen, was er unter dem Baum gehört hat?" Da gibt es kein falsch und kein richtig, kein möglich oder unmöglich, die Kinder können frei nach ihrem Empfinden und ihrer Fantasie erzählen – oder auch sagen, daß sie gar nichts gehört haben. Wenn die Konzentration jetzt nicht mehr ausreicht, vereinbaren Sie, daß jedes später die Gelegenheit haben wird, zu erzählen, was es hören konnte.

Auf dem Rückweg werden die Kinder vielleicht einander erzählen, was sie wahrgenommen haben. Hören Sie aufmerksam zu.

### Wir erinnern uns und erzählen

Noch am selben Tag sollten die Kinder die Möglichkeit haben, zu erzählen, was sie gehört haben. Dazu können sie sich auf einer warmen Unterlage auf den Boden legen. Dann stellen sie sich vor, daß sie wieder unter dem Baum sitzen. Fordern Sie die Kinder auf, für einen Moment ganz still in sich hineinzuhorchen, was der Baum und die Natur erzählen. Schließlich berichten die Kinder, was sie gehört oder verstanden haben. Und wer möchte, kann sich auch als Baum in den Raum stellen und etwas von sich erzählen: „Ich bin die Birke. Ich stehe schon lange auf dem Rasen im Hof. Wenn der Wind mich besucht, spielt er mit meinen Blättern. Das gefällt mir, weil ... "

Geben Sie den Kindern am nächsten Tag noch einmal die Gelegenheit zu erzählen. Sie können sich dann gemeinsam anhören, was der Kassettenrecorder aufgenommen hat. Am besten mehrmals. Denn beim ersten Mal werden die Kinder sich freudig über ihre eigenen Stimmen auslassen. Und das aufmerksame Zuhören müssen wir ja erst wieder neu finden und lernen. Es ist wichtig, nach einiger Zeit den Besuch beim Baum zu wiederholen. Dies mag beim selben Baum oder auch bei einer Weide, Birke, Eiche oder gar im Tannenwald sein.

### Wie viele Sprachen spricht das Wasser?

Wir können immer wieder aufs neue in die Natur hineinhorchen. Auch Flüsse und Bäche und die rauschende See laden uns ein.

Halten wir uns an einem Bach, Fluß oder Springbrunnen oder am Meer auf, schließen wir die Augen und lauschen der „Musik des Wassers": Es plätschert, sprudelt, braust und gluckert. Mal ist es laut, mal leise. Immer ist es Wasser, immer tönt es anders. Wir können hören und auch sehen, wie das Wasser in ständiger Bewegung ist: langsam oder schnell, ruhig oder ganz lebhaft. Wir spüren mit der Hand den Widerstand des Wassers: mal sanft, mal kräftig.

Wir stellen uns ans Fenster, hören, wie es draußen regnet, hagelt, stürmt. Wieder sind die Wassergeräusche anders. Wir sehen die Tropfen an den Scheiben herunterrinnen, den Hagel auf dem Asphalt hüpfen und springen, den Sturm mit den Blättern und den Kleidern der Menschen spielen. Eindrucksvoll klingt Regen auch, wenn wir ihm unter einem Dach im Freien lauschen.

Wir können auch den Wassergeräuschen innerhalb  eines Hauses zuhören: Wie tönt Wasser, wenn es aus dem Wasserhahn ins Waschbecken fließt? Wie klingt ein Wasserschwall in der Badewanne oder der Dusche? Wir hören Wasser in ein gefülltes Becken tropfen oder auch in ein Glas ...

Fähigkeiten erlernen und bewahren wir nur durch Wiederholen, durch immer wieder neues Erleben. So ist das auch beim Hören, Horchen, Lauschen und beim Verstehen.

Wiederholen Sie die Hörerlebnisse in der Natur. Aber machen Sie die Kinder darauf aufmerksam, daß die Natur auch zu unseren anderen Sinnen spricht: Die Wolken erzählen, wie das Wetter wird. Die Knopsen und Blüten der Blumen und Bäume kündigen den Frühling an. Die Sonne zeigt uns die Tageszeit und die Himmelsrichtung an ...

Vor allem das Beobachten können wir gut mit dem Horchen verbinden: Beides verlangt von uns Stille und Aufmerksamkeit. Und wenn wir zuhören und zugleich aufmerksam schauen, dann haben wir die Möglichkeit, mehr und besser zu verstehen ...

# Was erzählt der Frühling?
## Wir können überall Geschichten hören

Wir alle wissen, der Bach plätschert, der Wind braust, eine Katze miaut, ein Hund bellt... Doch viele wissen nicht, daß die Natur, die Tiere, die Menschen alle eine Sprache haben, die jeder von uns verstehen kann – vorausgesetzt wir sind aufmerksam, können lauschen und haben Fantasie.

### Hörst du und spürst du den Frühling?

Kinder, die gelernt haben, die Natur mit allen Sinnen wahrzunehmen, werden auch empfänglich sein für Naturgedichte, in denen die Klänge, die Düfte, die Farben der Natur in Worte und Verse gekleidet sind. Wer solchen Gedichten aufmerksam zuhört, mag eigenen Erfahrungen und Empfindungen wie-derbegegnen und auch Gemeinsamkeiten in der Sprache der Natur und der Sprache der Men-schen entdecken.

Für Kinder können dies Anregungen sein, in die Natur und in sich hinein-zulauschen und zu ver-stehen, was die Natur uns zu erzählen hat ...

Tragen Sie den Kindern das Gedicht „Der Frühling ist da" zunächst am besten ohne Kommentar vor. Wieder-holen Sie es einen Tag später. Dann können Sie auch erzählen, wer der Dichter war und daß er vor mehr als hundert Jahren (1798-1874) gelebt hat.

„Wo hält sich heute der Frühling bei uns versteckt? In den Baumkronen im Stadtpark? In den Hecken und Sträuchern auf dem Spielplatz? Auf der Wiese? Im Wald? Wer hat den Frühling schon entdeckt? Was hat sich verändert?... Gehen wir hinaus, um den Frühling wahrzunehmen. Was hören wir? Horcht! ... Wo zeigt sich uns der Frühling?"

*Der Frühling ist da*

*Der Frühling hat sich eingestellt,*
*wohlan, wer will ihn sehn?*
*Der muß mit mir ins freie Feld,*
*ins grüne Feld nun gehen.*

*Er hielt im Walde sich versteckt,*
*daß niemand ihn mehr sah;*
*ein Vöglein hat ihn aufgeweckt,*
*jetzt ist er wieder da.*

*Jetzt ist der Frühling wieder da:*
*ihm folgt, wohin er zieht,*
*nur lauter Freude fern und nah*
*und lauter Spiel und Lied.*
*Und allen hat er, groß und klein,*
*was Schönes mitgebracht,*
*und sollt´s auch nur ein Sträußchen sein,*
*er hat an uns gedacht.*

*Drum frisch hinaus ins freie Feld,*
*ins grüne Feld hinaus!*
*Der Frühling hat sich eingestellt,*
*wer bliebe da zuhaus?*

*Heinrich Hoffmann von Fallersleben*

Wiederholen Sie das Gedicht immer wieder, zum Beispiel bevor die Kinder nach draußen oder nach Hause gehen, um sie ein paar Minuten lang im Trubel des Alltags auf-horchen zu lassen. Holen Sie die Kinder zu sich, flüstern Sie Ihnen das Gedicht zu. Nach einiger Zeit werden sie es mit Ihnen sprechen.

## Erster Frühlingsmorgen

*Der erste Frühlingssonnenstrahl*
*erleuchtet hell die Welt.*
*Und mit ihm werden munter*
*die Vögel unterm Himmelszelt.*
*Hört ihr, wie sie piepsen,*
*trillern, jubilieren?*
*Hört ihr das frohe Singen,*
*ihr Jauchzen, Tirilieren?*
*Die Osterglocke reckt sich,*
*schaut aus ihrem Beet,*
*sie horcht und lauscht dem Singen!*
*Seht, wie sie aufrecht steht!*
*Froh blickt sie hoch zur Sonne,*
*freut sich und ruft: „Hurra!*
*Ich hab's geschafft, ich blühe!*
*Nun ist der Frühling da!"*

✺ Wenn die Kinder das Gedicht „Erster Frühlingsmorgen" zweimal aufmerksam gehört haben, können sie es auch spielen: Ein Kind spielt, mit einem Tuch um die Schultern, die Blume. Andere stehen als Vögel auf Stühlen und pfeifen. Sobald ein weiteres Kind spazierengeht, um die Blume zu bewundern, fliegen die Vögel erschreckt davon.

## Die Natur erzählt Geschichten

Die Fantasie läßt uns hören, was der Frühling, eine Blume, ein Bach, ein Vogel erzählen. Wenn wir Kinder immer wieder anregen, die Natur und ihre Stimmungen wahrzunehmen, wird die Wahrnehmung zunehmend feiner und die Fantasie reicher. Kommen Sie ins Gespräch, zeigen Sie Interesse für ihre Fantasie. Dabei ist es wichtig, daß stets nur ein Kind erzählt und die anderen zuhören. Dies fällt vielen schwer, begrenzen Sie das Gespräch deshalb am besten auf etwa fünfzehn Minuten, und machen Sie es zu einem festen Bestandteil des Tages.

### Was eine Frühlingsblume erlebt

✺ Wir gehen auf eine Frühlingswiese, in einen Park oder Garten, und nun stellt sich jedes Kind vor, eine kleine Blume zu sein. Wer kann den Frühling hören oder gar verstehen?
Gehen Sie immer wieder mit den Kindern hinaus, um zu lauschen, um die Natur zu spüren und die Fantasie zu wecken. Welche Blumen entdecken wir? Was mögen sie zu erzählen haben? Was erleben sie – am Morgen, den Tag über, wenn es Abend wird? Wer kommt vorbei? Wer besucht sie?
✺ „Horch, tschipt und pfeift da nicht ein Vogel?"
Wer mag das Pfeifen eines einzelnen Vogels nachahmen? Wonach sehnt er sich, wenn er auf dem Hausdach sitzt ist? Ist er immer hier, oder ist er mit dem Frühling gekommen?

### Was der Bach erlebt

✺ „Hört ihr, wie das Wasser rinnt? Wie es plätschert und gluckert? Woher dieser Bach wohl kommt und was er wohl schon alles gesehen hat? ... Was mag er den Fischen zu erzählen haben? ... Von welchem Abenteuer erzählt das Wasser den Steinen auf dem langen Weg? Horcht!"... Verweilen Sie am Wasser. Fordern Sie die Kinder auf, die Sprache des Wassers nachzuahmen. Bestimmt spielen die Kinder gerne, lassen kleine Stöcke oder Rindenstücke schwimmen, wünschen ihnen eine gute Reise; lassen große und kleine Steine hineinplumpsen und lauschen, wie sich das anhört ...
„Was spürt deine Hand, wenn du sie ins Wasser hältst? Und was ertasten deine Finger? Findest du einen Stein, der dir besonders gefällt? Schau ihn an: Was hat er dir zu sagen?" ...
✺ Auch Wasserpfützen laden zum Entdecken und Fantasieren ein ...
✺ „Und wovon träumen die Schneeflocken oder die Regentropfen, wenn sie zu uns auf die Erde kommen? Sie trudeln und tanzen vom Himmel. Könnt ihr das auch? Wie fühlen sie sich an, wenn sie auf deine Hand, auf dein Gesicht fallen? Was erzählen sie dir?"

# Kennst du die Sprache der Tiere?
## Wer zuhören kann, versteht andere besser

Mit einem Märchen regen wir die Kinder zum aufmerksamen Zuhören und zum Nachdenken über das Zuhören und Verstehen an. Andere zu verstehen, setzt immer voraus, daß wir hören, hinhören, zuhören. Dabei brauchen wir nicht nur unsere Ohren: Um zu verstehen, müssen wir den anderen Ruhe und Aufmerksamkeit schenken.

### Das Märchen der drei Sprachen

*Nicht unweit von hier lebte einmal ein alter Graf, der hatte nur einen einzigen Sohn, der aber war dumm. Da sprach der Vater eines Tages zu ihm: „Mein Sohn, wie ich es auch anfange, ich bringe nichts in deinen Kopf hinein. Ich werde dich einem berühmten Lehrmeister übergeben, der soll es mit dir versuchen." So wurde der Junge in eine fremde Stadt geschickt und blieb hier bei seinem Meister ein ganzes Jahr.*

*Als der Junge wieder nach Hause kam, fragte sein Vater ihn: „Nun, mein Sohn, was hast du gelernt?"*

*„Ich habe gelernt zu verstehen, was die Hunde bellen", antwortete der Junge seinem Vater.*

*Der alte Graf war sehr verärgert und sprach: „Ist das alles, was du gelernt hast? Ich werde dich in eine andere Stadt zu einem anderen Meister geben."*

*So kam der Junge wieder in eine fremde Stadt zu einem neuen Meister, und auch hier blieb er ein ganzes Jahr. Als er zurückkehrte, fragte der Vater gleich: „Was hast du gelernt?"*

*Der Junge antwortete: „Ich habe gelernt zu verstehen, was die Vögel zwitschern."*

*Da wurde sein Vater sehr zornig und schrie: „Oh, du verlorener Mensch! Jetzt warst du so lange fort und hast in dem ganzen Jahr nichts gelernt. Schämst du dich nicht, zu mir zurückzukommen? Ich werde dich zu einem dritten Meister schicken, aber wenn du auch da nichts lernst, dann will ich nicht mehr dein Vater sein."*

*Der Sohn ging für ein weiteres Jahr fort, und als er wieder nach Hause kam, fragte ihn sein Vater: „Was hast du gelernt?"*

*„Lieber Vater, ich habe dieses Jahr gelernt zu verstehen, was die Frösche quaken."*

*Im höchsten Zorn sprang der Vater auf, rief seine Diener und befahl: „Dieser Mensch ist nicht mehr mein Sohn, führt ihn weg in den Wald und tötet ihn, ich will ihn nie mehr sehen."*

*Die Diener führten den Jungen in den Wald, aber sie hatten Mitleid mit ihm und ließen ihn laufen.*

*Der junge Mann wanderte und wanderte und kam gegen Abend zu einer Burg. Dort fragte er: „Kann ich wohl diese Nacht hier bei Euch schlafen?"*

*Der Burgherr sagte: „Ja, wenn du da unten in dem alten Turm übernachten willst, so gehe nur hin, aber ich warne dich, es ist lebensgefährlich. Der Turm ist voller wilder Hunde, die bellen und heulen immerzu, und hin und wieder müssen sie einen Menschen zu fressen haben."*

*Alle Menschen in der Burg hatten Mitleid mit dem jungen Grafen, und doch konnten sie ihm nicht helfen. Der junge Mann aber war ohne Furcht und sprach: „Ich gehe zu den bellenden Hunden. Gebt mir etwas, das ich ihnen zum Fressen vorwerfen kann; dann werden sie mir schon nichts tun."*

*Weil er also hinab in den Turm gehen wollte, gaben sie ihm das Hundefutter und brachten ihn hin. Wie er hineinkam, bellten ihn die Hunde nicht an, sie fraßen, was er ihnen gab, und krümmten ihm kein Haar.*

*Die Nacht verging, und am Morgen kam er gesund und munter aus dem Turm und sagte zu dem Burgherrn: „Die Hunde haben mir in ihrer Sprache gesagt, warum sie da unten im Turm sind und warum sie Eurem Lande Schaden bringen. Sie sind verzaubert worden und müssen einen großen Schatz hüten, der unten im Turm liegt. Bevor dieser Schatz nicht herausgeholt wird, kommen sie nicht zur Ruhe. Das haben sie mir erzählt."*

*Alle, die das hörten, freuten sich, und der Burgherr sagte zu dem jungen Grafen: „Wenn es dir gelingt, den Schatz zu holen, nehme ich dich in meine Burg auf."*
*So stieg der junge Mann wieder in den Turm hinab, denn er fürchtete sich vor den Hunden nicht und wußte, was er zu tun hatte. Schon bald kam er mit einer Truhe herauf, die mit Gold gefüllt war. Das Geheul der wilden Hunde wurde von nun an nicht mehr gehört; sie waren verschwunden, und das Land war von der Plage befreit.*
*Nach einiger Zeit kam dem jungen Herrn in den Sinn, er wolle nun doch nicht mehr auf der Burg bleiben, sondern weiter südwärts fahren. Auf seinem Weg nach Italien kam er an einem Sumpf vorbei, in dem saßen Frösche und quakten. Er horchte auf, und was er da hörte, machte ihn sehr traurig und nachdenklich.*
*Endlich kam er an ein großes Schloß. Alle Menschen, die er hier antraf, trauerten, denn der einzige und geliebte Sohn des Königs war nicht mehr aus dem Kampf zurückgekehrt. Der König, selbst schon sehr alt und dem Sterben nahe, war in tiefer Trauer und wußte nicht, wer nun sein Nachfolger werden sollte. Da rief er seine Berater, und sie beschlossen, den zum Thronprinzen zu ernennen, der als erster Fremder das Schloß betreten sollte und an dem sich Wunderzeichen zeigen würden.*
*In demselben Augenblick kam der junge Graf ins Schloß. Da flogen zwei weiße Täubchen auf ihn zu und setzten sich auf seine Schultern. Darin sahen der König und seine Berater wundersame Zeichen, und sie ernannten den Grafen zum Thronprinzen. Der junge Mann wußte nicht so recht, ob er dieser großen Aufgabe würdig sei, doch die Täubchen auf seinen Schultern gurrten ihm zu, ermutigten ihn und versprachen, ihm stets zu helfen.*

*nach einem Märchen der Gebrüder Grimm*

## Nicht nur im Märchen: Wenn Tiere uns was sagen

Erzählen Sie das Märchen mehrmals. Kinder nehmen die Worte und Werte um so intensiver wahr.

Sprechen Sie darüber, was uns Tiere erzählen oder ob uns der Hund versteht, wenn wir mit ihm reden. Lassen Sie die Kinder von eigenen Erlebnissen erzählen, bei denen sie sich von einem Tier verstanden fühlten oder verstanden haben, was das Tier wollte.

Gern werden die Kinder auch andere Tiere nachahmen: wiehern wie ein Pferd, meckern wie eine Ziege, grunzen wie ein Schwein. Wie sprechen und was erzählen die Tiere in anderen Ländern? Der Hahn ruft bei uns „kikeriki!" In Frankreich krähen die Hähne „cocorico", und die Katzen miauen „mio, mio". Wie bellen Hunde in der Türkei und in Spanien?

Welche Tiere möchten denn einmal ein Zwiegespräch führen?

Und wie wär's mit einem Horchspiel für fünf oder mehr Tierpärchen? Jeweils zwei Kindern flüstern Sie ein- und denselben Tiernamen ins Ohr. Auf ein Signal hin fangen dann alle Tiere an, umherzugehen und in ihrer Sprache zu reden. Da heißt es gut hinhorchen, um den Partner zu finden: Meckert da nicht ebenfalls eine Ziege? Wo blubbert denn lautlos ein anderer Fisch?

## Ich höre gut zu

Ein Zuhörspiel in menschlicher Sprache kann sich anschließen. So wie der junge Graf in unserem Märchen aufmerksam lauschen mußte, um zu erfahren, was er machen sollte, ist auch hier geduldiges Hinhören gefragt: Die Spieler sitzen im Kreis. Ein Kind sucht sich ein anderes aus, dem es mindestens drei kleine Aufträge erteilt, leise, aber deutlich: „Lukas, steh auf, setz dich auf den Boden, hebe dein Bein in die Luft, drehe dich zweimal auf dem Po um dich selbst, und komm dann zu mir." Lukas muß aufmerksam zuhören, um den ganzen Auftrag zu verstehen und erfüllen zu können. Schafft er es, ohne nachzufragen? Dann tauscht er mit seinem Auftraggeber den Platz und formuliert nun selbst Aufträge.

# Auch Wörter brauchen Zeit zum Wachsen
## Wie wir sprechen und sprechen lernen

Zuerst ist da nur ein Schrei. Dann ein Schmatzen und Schnalzen. Und immer wieder ein Schreien – mal leiser, mal lauter. Schreien ist in den ersten Lebenswochen eines Kindes die einzige Möglichkeit, sich bemerkbar zu machen, Gefühle und Bedürfnisse mitzuteilen. Doch schon bald, etwa mit zwei Monaten, entdeckt das Baby etwas Neues: Es lallt. Und aus dem Lallen wird ein Plappern ...

„Hama, mama, tata, ada ...“ Bevor ein Kind verständliche Wörter spricht, schreit, lallt und plappert es. Es experimentiert mit seiner Stimme und seinen Sprechorganen, mit Kehlkopf, Rachen und Kiefer, mit Zunge und Lippen und mit seinem Atem. Und dies ist ganz wichtig, denn Sprechen will trainiert sein. Schließlich muß da ein komplizierter Mechanismus aktiviert und beherrscht werden. In dieser Phase des Experimentierens lernt ein Kind die Laute seiner Muttersprache, also die Laute, die es in sei-

ner Umgebung am häufigsten und intensivsten wahrnimmt. Dazu muß es hören, zuhören, nachahmen, auch sich selbst zuhören, sich verbessern, wiederholen, immer und immer wieder. Mit etwa zwei Jahren kann es allgemein verständliche Wörter sprechen. Bis zum vierten Lebensjahr entwickelt sich die Anlage des Sprachzentrums im Gehirn vollständig.

Auch Kindergarten- und Grundschulkinder lassen sich gern vom Wunder der Sprache faszinieren: Gehen wir also mit ihnen einen Schritt zurück, machen wir ihnen bewußt, wie wir sprechen gelernt haben. Entdecken wir gemeinsam, wie meisterhaft wir unsere Sprechorgane einsetzen, um Laute und Wörter zu formen. Bringen wir die Kinder über das, was sie alles können, zum Staunen! Erfahren wir auf spielerische Weise, wie wichtig eine gute Aussprache ist. Und erproben wir gemeinsam die Freude am Experimentieren mit Lauten, Wörtern, der Sprache.

tata, Papa

ama, Mama

bla, bla, bla

# Am Anfang war bla-bla
## Wie jeder zu seiner Sprache kommt

Kinder sind neugierig, wenn es darum geht zu erfahren, welches ihre ersten Wörter waren, lange bevor sie richtig sprechen konnten. Und sie reden gern darüber. Was plappern denn eigentlich so kleine Kinder, wenn sie noch keine ganzen Sätze oder noch nicht mal richtige Wörter bilden? Und wie kommt es dann, daß Kinder irgendwann eine Sprache haben? Die einen sprechen deutsch, die anderen italienisch oder russisch ...

Gehen wir mit den Kindern einen Schritt zurück: in die Zeit, als sie anfingen zu lallen, zu plappern, zu sprechen ...

sie für die beiden Omas oder die älteren Geschwister hatten.

Wir stellen fest, wie fantasievoll die Sprache kleiner Kinder ist. Alles, was ein kuschliges Fell hat, eine Katze, ein Hase, ein Stofftier, kann beispielsweise Mimi heißen, alle Vögel Piep und Pferde Hotta ...

Was waren die ersten Wörter? Welche Wörter sprach ein türkisches, ein italienisches, ein russisches Kind ?

## Wie die Kleinen plappern

Geben Sie den Kindern Gelegenheit, Kleinkinder bewußt zu beobachten, ihnen insbesondere beim Lallen und Plappern zuzuhören: Vielleicht können Sie ja zusammen eine Videoaufzeichnung mit frühen Sprechversuchen anschauen? Oder Sie ermöglichen es den Kindern, eine Weile mit jüngeren Geschwistern oder anderen kleineren Kindern zu verbringen. Eventuell können Sie auch Dialoge zwischen den Kindern und ihren kleinen Kameraden aufzeichnen und sie den Kindern später vorspielen.

Beobachten Sie, wie die größeren auf die kleineren reagieren, gewiß gehen sie gern auf deren Plappern ein.

Was möchten kleine Kinder mit ihrem Geplapper wohl sagen? Können wir etwas verstehen? Einzelne Wörter? Den Sinn?

Lassen Sie die Kinder berichten, an welche Momente aus Kleinkindtagen sie sich noch „erinnern". Aus Erzählungen der Erwachsenen wissen die Kinder vielleicht, wie sie früher Tiere benannten oder welche Namen

Gemeinsam oder in kleinen Gruppen erfinden die Kinder Babywörter für verschiedene Dinge. Wir können sie anregen, etwa von Gräuschen auszugehen, die ein Gegenstand macht, und diese zunächst nachzuahmen. So mag ein Lastwagen zu einem Brummbrumm oder ein Ball zu einem Tapptapp werden.

Auch Memorykärtchen lassen sich hier gut einsetzen.

Wer kann eine richtige Babysprache erfinden? Zum Beispiel nach dem Muster der Silbenwiederholung und der Zweiwortsätze: Mama hamham. Bimbim bumbum. Wauwau auau ...

Auch in kleinen Rollenspielen wie „Vater, Mutter, Kind" können Kinder ein Baby spielen und fröhlich plappern. Gelingt es ihnen, sich verständlich zu machen?

## So viele Sprachen

### Sprichst du wie deine Mutter?

Obwohl das deutsche wie das türkische oder spanische Baby zunächst einmal nur schreien konnte und dann lallen, und sich dies auch gleich anhörte, waren die ersten Wörter doch verschieden.

Für Kinder ist es beeindruckend, das Wort Mama in mehreren Sprachen zu hören: So rufen die Kinder ihre Mutter in Frankreich „maman", türkische Kinder fragen nach ihrer „anne", griechisch heißt sie „mana". Doch auch Kinderreime und -lieder in verschiedenen Sprachen faszinieren und sind schnell auswendig gelernt. Das Lied „Bruder Jakob" beispielsweise gibt es in recht vielen Sprachen.

🦋 Warum sprechen Kinder aus unterschiedlichen Ländern wohl unterschiedlich? Wenn wir darüber nachdenken, kommen wir wieder darauf, wie wichtig das Hören und Zuhören ist.

🦋 Warum nennen wir die Sprache, die ein Kind nach seiner Geburt lernt, Muttersprache?

🦋 Wo sind wir schon Leuten mit anderen Sprachen begegnet?

🦋 Gibt es Menschen, die mehrere Sprachen sprechen? Warum ist das so?

### Wer sagt wie wozu?

Wie viele Sprachen wir auf der Erde haben, weiß keiner genau, schätzungsweise etwa 2000 Sprachen, die auch geschrieben werden. Außerdem gibt es noch zahlreiche Dialekte. Beim Überlegen und Darüberreden, wie man zu seiner Sprache kommt, werden die Kinder und Sie auch auf Dialekte und unterschiedliche regionale Bezeichnungen stoßen.

🦋 Sammeln Sie mit den Kindern verschiedene Bezeichnungen für ein- und dieselbe Sache: Kartoffeln zum Beispiel können auch Krumpen, Eedäppel, Erdäpfel, pommes de terres (französisch), patates (türkisch) heißen. Oder Sie nennen ein Dialektwort, und die Kinder raten, was damit wohl gemeint ist.

🦋 Vielleicht stammen die Kinder oder ihre Eltern aus verschiedenen Regionen. Dann könnten Sie den gleichen Satz in mehreren Mundarten auf eine Kassette aufnehmen, beispielsweise „Heute scheint die Sonne." Und wie hört sich den Satz in einer anderen Sprache an?

🦋 Auch Lieder in Mundart eignen sich, um die Aufmerksamkeit der Kinder zu wecken.

🦋 Wer mag etwas im Dialekt oder in einer anderen Sprache erzählen?

## Kinderreime aus aller Welt

Mi ma mei
bulle balle bei
bulle balle rikaka
bulle balle mimama
bulle bulle bei.

Eins, zwei, Polizei,
drei, vier, hinter dir,
fünf, sechs, alter Keks.

Un, deux, trois,
allons dans le bois,
quatre, cinq, six,
cueillir des cerises,
sept, huit, neuf,
dans nos paniers neufs,
dix, onze, douze,
elles seront toutes rouges. (franz.)

(Eins, zwei, drei,
geh'n wir in den Wald,
vier, fünf, sechs,
Kirschen pflücken,
sieben, acht, neun,
in unsere neuen Körbe.
Zehn, elf, zwölf,
ganz rot werden sie sein.)

A la queue leu leu
mon petit chat est bleu.
S'il est bleu, tant mieux.
S'il est gris, tant pis. (franz.)

(Hinten am Schwanz
ist meine Kätzchen blau.
Ist es blau, um so besser.
Ist es grau, schade.)

Une poule sur un mur
qui picote du pain dur,
picoti, picota,
lève la queue
et puis s'en va.
(franz.)

(Ein Huhn auf einer Mauer
pickt hartes Brot,
picoti, picota,
hebt den Schwanz
und geht fort.)

Sluníčko, sluníčko,
popojdi maličko,
sedíž tu u cesty,
stane se neštestí,
něco tě zajede. (tschech.)

(Sonnenkäfer, Sonnenkäfer,
bewege dich ein wenig,
du sitzt hier am Weg,
sonst geschieht ein Unglück,
dich könnte etwas überfahren.)

# Die Zunge ist ein Akrobat
## Wir entdecken, wie wir sprechen

Wir Menschen haben alle die gleichen „Sprechgeräte". Mit ihnen können wir grundsätzlich jede Sprache der Welt sprechen. Doch es ist wie mit allen Geräten: Man muß üben, um damit umgehen zu können. Kein Meister fällt vom Himmel und auch kein Akrobat. Und um eine Sprache gut sprechen zu können, muß man schon früh mit dem Üben beginnen und immer wieder trainieren.

Für Kinder ist es spannend, sich bewußt zu machen, welche Geräte beim Sprechen besonders wichtig sind: die Zunge, der ganze Mund, der Atem. Dann macht das „Üben" und „Trainieren" mehr Spaß.

### Guten Tag, Frau Zunge

Vielleicht haben die Kinder ja schon bei einem Baby entdeckt, wie gern es mit seiner Zunge spielt und welch große Bedeutung die Zunge beim Erlernen der Sprache hat. Bei der folgenden kleinen Geschichte und den Spielen erleben die Kinder, wie beweglich die Zunge ist.

Am besten geben Sie den Kindern dazu einen kleinen Taschenspiegel.

*Frau Zunge kommt aus ihrem Haus*
(Zungenspitze zeigen)
*und reckt und streckt sich ganz lang aus*
(Zunge weit herausstrecken).
*Sie schaut danach zum Himmel hoch*
(Zungenspitze nach oben).
*„Ob wohl dort oben jemand wohnt?"*
*Sie schaut zum Boden und erschrickt*
(Zunge nach unten),
*weil sie dort lauter Sand erblickt*
(Zunge schnell hineinziehen).
*Nun will sie einen Hausputz machen,*
*sucht links und rechts nach Krümelsachen*
(Zunge geht im Mund herum).

*Dann geht sie nochmals raus*
(Zunge herausstrecken),
*bleibt stehn vor ihrem Haus*
(Zunge bleibt still),
*bemerkt die matten Treppenstufen*
*und leckt sie blank wie Silberkufen*
(Zunge leckt die Lippen ab).
*Die Arbeit hat sie müd´ gemacht,*
*sie geht ins Haus*
(Zunge hinein)
*und schläft die ganze Nacht*
(gähnen und die Zunge im Mund ruhen lassen).
*Beim Hahnenschrei erwacht sie wieder*
(ein Kind ruft „kikeriki")
*und trällert laut die schönsten Lieder*
(jedes Kind singt auf „lalala" eine eigene Melodie, die immer leiser wird und bald verstummt).

Das Lalala fordert auf zu erproben, welche Geräusche die Zunge noch erzeugen kann: zum Beispiel hohes und tiefes Drrrrrrr und allerlei Zungenschnalzer …

Auch Melodien können wir mit der Zunge begleiten, indem wir zum Beispiel die Zungenspitze schnell vor den Lippen hin- und herbewegen oder ständig lllll formen.

Die Zunge hilft uns nicht nur beim Sprechen. Sie ist auch ein sensibles Geschmacksorgan. Geben Sie den Kindern Salz, Petersilie, Zitrone, auch eine Prise Traubenzucker und anderes mehr zu schmecken. Zunächst legen Sie alles in Schälchen offen aus. Dann nehmen die Kinder mit geschlossenen Augen kleinste Mengen auf die Zunge und kosten. Ein andermal probieren sie mit geschlossenen Augen und zugehaltener Nase. Was stellen sie fest?

Experimentieren Sie auch: Was passiert mit der Zunge, wenn wir Rote Beete oder Heidelbeeren essen?

## Akrobat im Zirkuszelt

Betrachten die Kinder ihren Mund im Spiegel, entdecken sie nicht nur ihre Zunge und die „kleinen weißen Gesellen", sondern auch den Gaumen, der sich wie ein Zirkuszelt über der Mundhöhle wölbt. Die Zunge ist hier der Akrobat, der uns mit seinen Kunststücken verblüfft.

Aber auch die Form, die der Mund bildet, und die Bewegungen der Lippen sind beim Sprechen ganz wichtig. Nur dadurch, daß alle so geschickt und beweglich sind, kommen überhaupt unterschiedliche Laute zustande.

Mit Hilfe eines kleinen Spiegels beobachten die Kinder, daß sich die Zunge bei jedem Laut in eine andere Position begibt. Zunächst kann jedes Kind langsam seinen Namen sprechen und dabei auf die Stellung der Zunge achten. Dann sprechen alle gemeinsam: „tata, lala, nana, kiki, rara, tete, sassa ..."

Auch die Lippen und die ganze Mundmuskulatur verändern sich bei jedem Laut: „Melanie, Melodie, Papa, Ball, Kirschen, mühsam, Ofen, Jacke, Hund ..." Die Kinder sprechen ganz langsam und schauen in den Spiegel.

Interessante Beobachtungen sind auch zu machen, wenn sich immer zwei Kinder gegenübersitzen und im Wechsel sprechen. Dabei hören und sehen sie, wie sich Wörter im Mund verändern können:

Was passiert, wenn wir die gleichen Laute oder Wörter mit geschlossenen Lippen sprechen?

Und wenn wir mit heraushängender Zunge sprechen?

Wir legen einen Farbstift quer zwischen Ober- und Unterkiefer und reden dann. Oder wir nehmen einen Korken zwischen die Schneidezähne. Die Lippen bewegen sich zwar, aber die Zähne gehen nicht auseinander, die Zunge kann sich nicht ungestört bewegen.

Formen Sie ohne Stimme Wörter, und die Kinder versuchen, sie Ihnen vom Mund abzulesen. Wer erkennt seinen Namen oder Wörter wie Mama, Papa, Banane, Ananas, Ball, nein, ja? Auch Kinder unter sich haben Spaß an diesem Ratespiel.

Bei alldem wird den Kindern auch bewußt, wie wichtig eine gute Artikulation für die Verständigung ist.

## Auch Atem ist beim Sprechen wichtig

### Da bleibt mir glatt die Puste weg!

Damit unsere Stimme beim Sprechen klingt und überhaupt gehört wird, brauchen wir Atem, und zwar ruhigen Atem. Das merken wir, wenn wir mal richtig außer Puste sind, denn dann bringen wir kaum ein Wort heraus.

Wir sitzen im Gesprächskreis. Sie bitten das erste Kind, schnell ein paar Runden zu laufen, zurückzukommen und dann zu berichten, wie es sich fühlt. Sie können dem Kind auch einen kleinen Vers ins Ohr flüstern, den es nach dem Dauerlauf an ein anderes Kind weitergibt: „Mein linker und mein rechter Schuh flitzen mit mir rum – und jetzt renn du!" Beim Erfahrungsaustausch bekräftigen Sie, daß wir nur laut und deutlich sprechen können, wenn wir auch genügend Atem haben.

Machen Sie zur Bestätigung noch zusammen einen kleinen Lauf, auf ein Zeichen hin setzen sich alle auf einen Stuhl und sagen: „Wenn ich spreche, muß ich atmen!"

### Wie der Atem fließt

Richtig atmen bedeutet, den Atem im Bauch zu spüren, ohne daß sich die Schultern oder der Brustkorb heben.

Auch ein Kind kann feststellen, ob es richtig atmet: „Möchtest du einmal sehen, wohin dein Atem fließt? Dann lege dich auf den Rücken, fühle dich ganz locker und ruhig." Kein Kleidungsstück sollte die Atmung bedrängen. Auf den Bauchnabel des Kindes setzen Sie ein kleines Stofftier. „Das kleine Tier hier soll dir zeigen, wohin dein Atem fließt. Atme aus (immer mit dem Ausatmen beginnen), dann tief ein – und wieder ausatmen –- und einatmen. Was macht das Tier?" Bewegt sich das Tier so stark, daß es herunterfällt, atmet das Kind richtig.

Das Kind kann auch selbst erleben, welche Kraft ihm der Atem gibt, indem es versucht, eine schwere Kiste fortzuschieben, und zwar genau dann, wenn es lange ausatmet, und einmal auch beim Einatmen: Beim Ausatmen geht es allerdings viel leichter.

# Brich dir nicht die Zunge ab
## Sprechen lernt man nur durch Üben

Zungenbrecher oder Schnellsprechverse fordern und fördern die Konzentration beim Artikulieren und verlangen einen guten Atemrhythmus. Auch Kinder, die sonst eher undeutlich sprechen, bemühen sich hier gern um eine klare Aussprache. Schließlich macht es Spaß, mit Zungenbrechern Erfolg zu erzielen.

### Zungenbrechersprecher

Wir können zunächst auf bekannte Zungenbrecher zurückgreifen wie „In Ulm und um Ulm und um Ulm herum ..." und die Kinder fragen, welche ihnen noch einfallen. Und dann erfinden wir mit etwas Fantasie einfach neue.

*Bürsten mit kurzen Borsten bürsten besser als Bürsten mit langen Borsten.*

*Früh in der Frische fischen Fischer frische Fische.*

*Hoch in Hannes Herrenhaus hängen hundert Hosen raus.*

*Hinter Hildas Holderhecken hocken hundert Holderschnecken.*

🐟 Sprechen Sie den Kindern einen Zungenbrecher schnell vor, sind sie gleich zum Nachsprechen motiviert.

🐟 Wer kann so einen Zungenbrecher gar dreimal hintereinander schnell sprechen? Und ohne sich zu versprechen? Wer das schafft, ist ein wahrer Zungenbrecherkönig.

🐟 Beherrschen die Kinder einen Zungenbrecher, können

sie selbst auch andere vor diese Aufgabe stellen: Schafft es Mama?

🐟 Besonders förderlich für die Mundmotorik und lustig dazu ist es, wenn ein Zungenbrecher mit einem Flaschenkorken zwischen den Zähnen gesprochen wird – zunächst langsam, dann immer schneller.

### Im Zungenbrechertheaterchor

Noch lebendiger wird das Sprechen, wenn einige Kinder einen Zungenbrecher mit Bewegungen untermalen und andere Kinder dies mit bestimmten, vorher vereinbarten Lauten begleiten. So kann ein ganzer Zungenbrechertheaterchor entstehen – zum Beispiel bei dem Zungenbrecher „Bürsten mit kurzen Borsten ..." :

🐟 Der Erwachsene spricht den gesamten Vers deutlich vor, wiederholt ihn, nimmt dabei seinen Schuh und „putzt" ihn. Dann wiederholt er den Vers nochmals, geht bei „kurz" in die Hocke, streckt sich bei „lang" in die Höhe. So finden die Kinder in den Sprachrhythmus hinein. Bald spielen und sprechen auch sie den Zungenbrecher.

🐟 Selbst ein Zungenbrechertheaterchor ist möglich: Ein paar Kinder sprechen den Vers, bewegen ihre Hände, als hätten sie eine Schuhbürste, und gehen bei den Worten „kurze Borsten" in die Hocke. Gleichzeitig stoßen andere Kinder kurz und schnell Zischlaute aus. Die Kinder bürsten langsamer weiter, strecken sich immer mehr in die Höhe, die Zischlaute der anderen werden immer langsamer und leiser. Dann lassen sich die Kinder lang auf den Boden fallen.

## Zungenbrecher aus aller Welt

Zungenbrecher gibt es in allen Sprachen der Welt. Wer kennt einen Zungenbrecher in einer anderen Sprache? Und wer kann ihn nachsagen?

*Como pocos cocos como, pocos cocos compro.*
*Como pocos cocos compro, pocos cocos como.* (span.)

(Weil ich wenig Kokosnüsse esse,
kauf' ich wenig Kokosnüsse,
weil ich wenig Kokosnüsse
   kaufe,
ess' ich wenig Kokosnüsse.)

**She sells sea shells on
the sea shore.** (engl.)

(Sie verkauft Muscheln am Strand.)

**Les chaussettes
de l'archiduchesse
sont-elles sèches
ou archisèches?** (franz.)

(Sind die Strümpfe der Erzherzogin trocken oder erztrocken?)

## Am Anfang sind alle gleich

### Wir erfinden Wörterketten

*Wir Westerwälder Waschweiber
wollten weiße Wäsche waschen,
wenn wir wüßten, wo warmes Wasser wäre.*

*Wenn windige Winde wehen, wollen wir wandern.*

Sprechen Sie den Kindern so einen Satz deutlich vor. Bei manchen Wortspielen entdecken wir die Besonderheit, daß alle Wörter mit dem gleichen Laut anfangen; sie eignen sich gut, um deutlich artikuliertes Sprechen spielerisch und fantasievoll zu fördern.

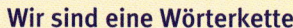

🐟 Wer findet drei oder mehr Wörter, die wie der eigene Namen beginnen?

🐟 Wer findet im Raum, in einem Buch oder draußen Dinge, die alle beispielsweise mit W oder A anfangen?

🐟 Wer erfindet gar eine ganze Wörterkette (einen Satz) mit gleichen Anfangslauten?

- *Als Anna angelte, aßen andere Angler Annas Ananas.*
- *Bär Benno baut bei Bonn behutsam bunte Buden.*
- *Frau Frank fing fünf Fliegen.*
- *Junge Jäger jagen jetzt Jaguare.*
- *Kunstvoll kullern Klapperschlangen kleine, klare Kokoskugeln.*
- *Kaffekannen können keinen Kaffe kochen.*
- *Lilli Lotus liebt lange Lümmel.*
- *Riesige rote Regenschirme rollen rauschend rüber.*
- *Wurm Willi will wieder Wolle waschen.*
- *Zahlreiche Ziegen zogen zielstrebig zum Zirkus.*

### Wir sind eine Wörterkette

Je nach Alter können Kinder solche Sätze auch „darstellen", zum Beispiel den Satz:
*Zahlreiche Ziegen zogen zielstrebig zum Zirkus.*

🐟 Der Satz besteht in diesem Beispiel aus sechs Wörtern, deshalb brauchen wir sechs Kinder: Jedes bekommt ein Wort aus diesem Satz, das es sich merken muß.

🐟 Nun sollen sich die Kinder in der Reihenfolge aufstellen, die das Beispiel angibt.

🐟 Was passiert, wenn zwei, drei oder gar mehr Kinder ihre Plätze tauschen? Nacheinander nennen die Kinder auch auf dem neuen Platz ihr altes Wort.

🐟 Wem gelingt es nun, die Kinder wieder in ihre Anfangsposition zu stellen? Stimmt der Satz jetzt wieder?

🐟 Wer stellt die Kinder so um, daß ein neuer Satz entsteht? Er könnte lauten:
*Zum Zirkus zogen zielstrebig zahlreiche Ziegen.*
*Zielstrebig zogen zahlreiche Ziegen zum Zirkus.*

Carola

LAURA

# Wißt ihr, wer ich bin?

## Namen sagen, wer wir sind

Jeder Mensch hat einen Namen und auch ein Recht darauf, einen Namen zu tragen. Unser Name ist das erste Geschenk, das uns die Eltern gemacht haben, und er gehört ein Leben lang zu uns.

Der eigene Name ist für ein Kind – neben den Namen Mama und Papa – das vertrauteste und persönlichste Wort. Tagtäglich begleitet der Name das Kind. Da liegt es nahe, sich ganz besonders mit diesem Wort, dem eigenen Namen, vielseitig und auf fantasievolle Weise zu beschäftigen, bevor wir uns anderen Namen, nämlich den Wörtern für die Dinge der Welt zuwenden.

Häufig begegnen wir bei uns auch fremdländischen Namen: nicht nur, wenn die Kinder aus dem Ausland gekommen sind, auch Kinder von hier tragen französische, italienische, ost- oder nordeuropäische oder auch amerikanische Namen, denken wir nur an Nicole, Nils oder Kevin. Dies kann unsere Erfahrungen mit Namen stark bereichern ...

Die Kinder entdecken bei alldem, wie sinnvoll es ist, daß jeder von uns seinen eigenen Namen hat. Sie erfahren, daß Namen auch eine Bedeutung haben – und dennoch wenig über den betreffenden Menschen sagen. Ein Name sagt uns nicht, wie ein Mensch aussieht, wie alt er ist, ob er gerne lacht ... Nur wenn wir einen Namen mit einer ganz bestimmten Person verbinden können, wird er vielsagend und einmalig.

Mit Hilfe unsere Fantasie können wir aber auch neue Namen für uns und andere finden und erfinden und mit Namen spielen ...

Der Umgang mit dem Namen soll ein Kind schließlich dahin führen, sich mit der eigenen Persönlichkeit auseinanderzusetzen, sich zu finden und zu empfinden und zu erzählen, wie es glaubt zu sein und wie es gerne sein möchte. – Seine Einmaligkeit begreifen, sich annehmen, wie man ist, das ist ein schönes Ziel, das jeder von uns anstreben sollte, bereits in jungen Jahren ...

# Wie heißt du?
## Jedes Kind hat einen Namen

Jedes Kind, jeder Mensch hat einen Namen, in der Regel gehören dazu bei uns ein Vorname und auch ein Familienname. Nicht selten kommt es vor, daß in einer Gruppe zwei oder mehr Kinder den gleichen Vornamen tragen. Dies ist für Kinder nicht immer angenehm und führt manchmal zu Verwechslungen. Und doch ist ja jedes Kind einmalig. Dies sollen auch die Kinder empfinden. Wir wollen uns hier mit den Namen der Kinder beschäftigen und begreiflich machen, warum jedes einen Namen trägt und was sich mit Namen so alles anfangen läßt – spielerisch und mit viel Fantasie.

### Warum wir Namen haben

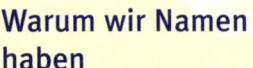 Fordern Sie die Kinder auf, sich jeweils einen Platz im Raum zu suchen. Dies kann am Fenster oder in der Kuschelecke, am Tisch oder unter dem Tisch sein. Sie selbst setzen sich auf einen Stuhl so in den Raum, daß um

Sie herum genügend Platz für einen Stuhlkreis bleibt.

Haben alle ihren Platz gefunden, rufen Sie das erste Kind bei seinem Namen: „Kim, setz dich auf einen Stuhl zu mir." Dieses Kind fordert seinerseits ein Kind seiner Wahl auf, sich zu ihm zu setzen. Das Ganze wird so lange fortgeführt, bis alle Kinder ihren Platz im Stuhlkreis gefunden haben.

Überlegen Sie gemeinsam, wie es dazu kam, daß nun alle im Kreis zusammengekommen sind: Dies konnte nur geschehen, weil jedes Kind sich mit seinem Namen angesprochen und zum Kommen aufgefordert fühlte.

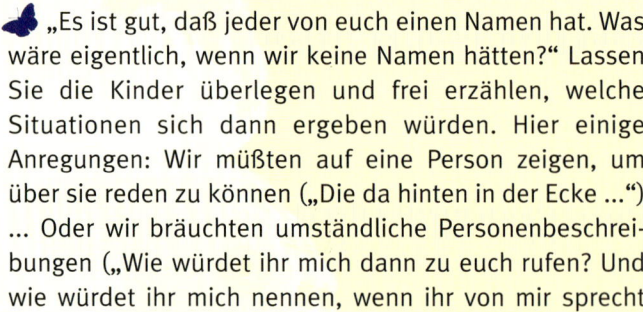 „Es ist gut, daß jeder von euch einen Namen hat. Was wäre eigentlich, wenn wir keine Namen hätten?" Lassen Sie die Kinder überlegen und frei erzählen, welche Situationen sich dann ergeben würden. Hier einige Anregungen: Wir müßten auf eine Person zeigen, um über sie reden zu können („Die da hinten in der Ecke ...") ... Oder wir bräuchten umständliche Personenbeschreibungen („Wie würdet ihr mich dann zu euch rufen? Und wie würdet ihr mich nennen, wenn ihr von mir sprecht und ich nicht dabei bin?") ... Wie würden Briefe und Pakete zu uns gelangen? ... Wie sollten wir in einem Telefonbuch eine Nummer finden? ...

Wie wäre es mit einem kleinen Spiel? Ein Kind erzählt einem anderen etwas über ein drittes Kind, ohne dessen Namen zu nennen oder mit dem Finger zu deuten ... Dies ist gar nicht so einfach ... Wer errät, um wen sich das Gespräch dreht?

### Wie Namen klingen

In Kindergruppen mit vielen unterschiedlichen Namen können wir gut über den Rhythmus und die Melodie der Namen nachdenken. Selbst wenn jedes Kind einen anderen Namen hat, so tönen doch manche Namen gleich. Auch das läßt sich spielerisch erfahren und vor allem hören.

Rufen Sie jeden Namen leise melodisch etwa auf „la" oder summen Sie ihn. Die Kinder hören bei einsilbigen Namen nur einen Ton, der langsam verhallt. Zweisilbige Namen werden von zwei unterschiedlichen Tönen getra-

gen und können wie „hallo" klingen. Wie klingt der Name Benedikt oder der Name Katharina?

Wie viele Silben ein Name hat, können wir auch durch Klatschen oder Stampfen hörbar machen. Kinder, deren Namen eine Silbe haben, stellen sich auf einen Stuhl: Kim, Max, Ulf. Alle Kinder mit zweisilbigen Namen wie etwa Tina, Maren, Jonas hocken sich hinter den Stuhl ...

Jedes Kind nennt einen Namen. Das kann der eigene Name, der eines Freundes oder der Mutter sein. Wichtig ist nur, daß jedes Kind diesen Namen auf eine ganz eigene Art und Weise mitteilt: es kann flüstern oder brüllen, singen, stottern, näseln, krächzen ... Es ist gar nicht so leicht, immer zu verstehen, welcher Name genannt wird. Da hilft nur eines: aufmerksam hinhören ... Auch hier wird den Kindern die Vielfalt der Sprache bewußt ...

Ein Name läßt sich auch verzaubern, zum Beispiel indem er von hinten nach vorne gesprochen wird. Am einfachsten gelingt dies bei kurzen Namen. So wird aus Tom Mot, aus Pit Tip, aus Uli Ilu ... Und was wird aus Anna und Otto?

## Fantastische Namen

Die Geschichte von Herrn und Frau Leer und ihren zehn Söhnen dient nicht nur zur fröhlichen Unterhaltung. Sie macht noch einmal deutlich: Es ist schön und es ist nützlich, wenn jedes Kind seinen eigenen Namen hat.

Die Geschichte mag die Kinder anregen, für sich oder andere neue fantasievolle Namen zu erfinden: Lolli-Doll, Pinke-Puh, Xampa, Schnulliboll und viele andere mehr. Als weiterer Anreiz kann das Märchen „Rumpelstilzchen" dienen, da hier ja die Königin nach dem Namen des kleinen Männchens sucht: „Heißt du etwa Rippenbiest, Hammelswade oder Schnürbein?" ... Wieviel Fantasie haben die Kinder? Welche Namen finden sie? Lassen Sie die Kinder außerdem Namen für Spiel- oder Freundesgruppen suchen ...

Mit Namen läßt sich auch das Reimen erproben – und zwar ohne jemanden zu kränken:

- *Unser Ulli braucht keinen Schnulli ...*
- *Der schönste Pulli gehört unserm Ulli ...*
- *Beate ißt eine Tomate ...*
- *Max knetet gerne Wachs ...*
- *Dominik macht am Sonntag Picknick ...*

Solche Spielereien beschäftigen Kinder manchmal tagelang und regen sie an, ihren Namen auf unterschiedlichste Weise zu zerlegen und neu zu kombinieren – wie zum Beispiel bei Dominik:

„Guten Tag, ich heiße Nick. Pick Nick. Mein Sohn heißt ebenfalls Nick: Domi Nick."

Zeigen Sie ein offenes Ohr für diese fantasievollen Namensspielereien ...

> Kennst du die Geschichte von
> Herrn und Frau Leer?
> Sie hatten zehn Söhne, und jeder hieß Per.
> Und für Herrn und Frau Leer
> war das manchmal sehr schwer.
> Denn wenn sie riefen:
> „Per, komm mal her",
> dann kam da nicht nur einer gerannt,
> dann stürmten gleich alle zehn übers Land.
> Ach, hätten die Eltern,
> als die Kinder geboren,
> alle anders genannt: einen Fuzzi van Doren,
> Hum-Bug den nächsten, einen anderen Jim,
> Gummi-Tarzan einen oder dann Tim,
> noch einen Flummi, den anderen Knaxi,
> einen jüngeren etwa Knuddel-Di-Braxi,
> einen von ihnen auch Rotzi-Nas-Dax,
> den kleinsten Klein-Plozzi oder
> Knatter-Max.
> Doch sie taten es nicht, wie du nun weißt,
> und so kam es, daß jeder Per Leer
> jetzt heißt.

# Anna und Schwarzer Büffel
## Namen sagen uns etwas

Nicht immer weiß ein Kind, warum es gerade den Vornamen hat, den es nun einmal hat. Doch jedes Kind erfährt gerne etwas über seinen Namen. Mit einer Geschichte über einen Indianerjungen können wir Kinder anregen, über Namen und ihre Bedeutung nachzudenken, ihrem eigenen Namen auf die Spur zu kommen und sich neue Namen auszudenken.

### Wie Kinder zu ihrem Namen kommen

Hier erzählt der Häuptling der Sioux einem Weißen von seinem Leben und wie er zu seinem Namen kam.

🔶 Was wäre, wenn wir Indianer wären? Wie würden wir dann heißen?

🟢 Welches Kind weiß, wie es zu seinem Namen gekommen ist? Wer hat schon einmal die Eltern gefragt?

Unsere Namen sind meist nicht so leicht zu verstehen, aber jeder Name hat ursprünglich seinen Sinn. Das folgende Beispiel von Anna mag Kinder dazu anregen, nachzuforschen, wie sie zu ihrem Namen kamen.

„Dein Name ist Edward Johnson, aber ich werde dich Großes Ohr nennen, denn du verstehst dich aufs Zuhören. Vom Leben der Indianer will ich dir erzählen. – An dem Tag, als die Büffel kamen, wurde ich geboren. Ein junger Späher unseres Stammes lag hinter dem Hügel auf der Lauer; er sollte es melden, wenn sich die Büffel am Horizont zeigten. Als es soweit war, kam er ins Dorf gerannt und schrie, daß die Herde von einem riesigen Bullen angeführt würde; der sei schwarz von den Hörnern bis zu den Hufen. Da gab mir meine Mutter den Namen Schwarzer Büffel. Meine Mutter hieß Wind der Prärie, mein Vater Weißer Felsen. Sie gaben mir noch einen anderen Namen, einen geheimen, den ich dir nicht nennen darf ..."

*Joël Cuénot*

Der kleinen Anna hat die Mutter erzählt: „Meine Großmutter hieß Anna, und weil ich sie sehr gern hatte, wollte ich, daß ihr Name in unserer Familie fortgeführt wird. Außerdem war der Name zur Zeit deiner Geburt recht sel-ten. Und er gefiel mir besonders gut. So haben wir dich Anna genannt."

Ob Annas Mutter wohl wußte, daß auch Jesus Großmutter diesen Namen trug und er aus Ehrfurcht vor ihr jahrhundertelang vermieden wurde? Er stammt aus dem Hebräischen und bedeutet „Gnade". Erst im 16. Jahrhundert kam er in Mode. Die heilige Anna gilt als Schutzpatronin der Ehe, der Mütter, Witwen und Armen. Von dem Namen Anna sind Anne, Aenna, Anita, Anja, Anke, Annette, Annika, Antje und Nana abgeleitet.

🔶 Wie ist das bei unseren Freunden und Spielkameraden, die aus dem Ausland zu uns gekommen sind? Wie wählen Familien aus der Türkei oder anderen Kulturkreisen die Namen ihrer Kinder aus?

### Namen, Namen, Namen

🔵 Könige und Fürsten hatten früher oft Beinamen, die besondere Merkmale an ihnen hervorhoben: Karl der Große, Karl der Kahle, Margarete Maultasch, Friedrich der Gebissene, Gottfried der Höckrige, Otto der Faule, Iwan der Schreckliche, Richard Löwenherz, Friedrich Barbarossa (Rotbart), Otto mit dem Pfeil ... Warum nannte man sie so? Was wäre, wenn wir Könige wären?

🔵 Gemeinsam können wir überlegen, welche Namen wir dem einen oder der anderen zusätzlich geben würden: etwa „Anna, die stets Fröhliche"; oder „Britta, die Kluge";

## Mein Name gehört zu mir

Der eigene Name gehört fest zu uns, wir nehmen ihn mit, wohin wir auch gehen. Gerade Kinder, die aus einem anderen Land zu uns kommen, erfahren dies: Alles um sie herum verändert sich: die Landschaft, die Wohnung, die Nahrung, die Sprache. Doch etwas bleibt, wie es war – der Name, auch wenn alle Wörter in dem neuen Land anders und zunächst fremd und unverständlich sind. Wenn ein Kind in einem fremden Land beim Namen genannt wird, ist da ein vertrauter Klang, der besonders gut tut, und es fühlt sich angesprochen.

Welches Kind hat die Erfahrung gemacht, daß es schön und angenehm war, den eigenen Namen zu hören? Wer mag davon erzählen?

Wenn wir mit Kindern über den eigenen Namen ins Gespräch gekommen sind, können wir auch fragen: „Wie gefällt dir dein Name? Bist du mit ihm zufrieden? Oder hättest du gerne einen anderen Namen? Ist es denn wichtig, daß wir mit unserem Namen zufrieden sind?"

Jedes Kind nennt seinen Namen, und wir anderen sagen, was uns besonders gut an diesem Namen gefällt, welche schönen Erinnerungen er vielleicht in uns weckt. Jedes Kind soll etwas Positives zu seinem Namen hören.

„Kevin, der flotte Tänzer"; „Alexander, der schnelle Baumkletterer" ...
Oder Kinder suchen neue Namen für ihre besten Freunde. Wir können fragen: „Was findest du an ihm besonders gut oder auffallend?" Dann heißt Phillip, der so gern mit Holzklötzen und anderen Bausteinen spielt, vielleicht „Phillip, der Baumeister" oder ganz einfach „Klötzer".

Welche Beinamen würden die Kinder sich selbst geben?

*Belinda*

# Ich bin ich
## Was Namen uns nicht sagen

Wenn wir hören, daß ein Kind „Anna Sondermann" heißt, wissen wir noch nicht sehr viel. Eigentlich nur, daß es ein Mädchen ist und etwas mit der Familie Sondermann zu tun hat.

Obwohl ein Name uns stets begleitet und im Umgang miteinander sehr wichtig ist, so sagt er noch lange nichts über das Wesen eines Menschen aus: Er sagt nicht, ob es ein fröhlicher Mensch ist oder einer, der nur selten lacht, ob es ein Spielkamerad mit vielen guten Ideen oder ein „Besserwisser", ein großer oder ein kleiner Mensch ist. Oft sagt uns ein Name noch nicht einmal, aus welchem Land der Mensch kommt oder wer seine Eltern sind.

Für Kinder sind Namen deshalb oft weniger wichtig als für Erwachsene. Und dann ist es für sie unverständlich, wenn Eltern sie, zum Beispiel bei Urlaubsbekanntschaften, immer gleich fragen: „Wie heißt das Kind, mit dem du gespielt hast?" Kinder können in solchen Fällen meist mehr über Eigenschaften und Fähigkeiten des anderen sagen.

Die Beschäftigung mit dem eigenen Namen kann dazu führen, sich mit der eigenen Person auseinanderzusetzen. Auch jedes Kind fragt sich irgendwann: „Wer bin ich?" Unser Ziel sollte es hier sein, die Einmaligkeit jedes einzelnen Kindes herauszustellen.

*Carola*

## Wer bin ich?

Um Kinder zu diesem Thema hinzuführen, können Sie ihnen die Aufgabe stellen, sich selbst zu malen. Unter das Bild kann jedes Kind in eigener Art und Weise auch seinen Namen setzen, um zu sagen: „Das bin ich!" Bieten Sie den Kindern für dieses Porträt unterschiedliche Materialien an: Kreide oder Holzfarbstifte, Aquarellfarben oder Wachsmalstifte. Auch Papier- und Stoffreste und Klebstoff können zum Einsatz kommen. Vor allem soll das Papier groß genug sein, damit das Kind genügend Platz hat, sich darzustellen.

Gespräche über die eigene Person können sich gut anschließen. Dabei helfen Fragen:

- „Was gefällt dir an dir? Was findest du nicht so gut an dir?"
- „Wie fühlst du dich im Moment? Fühlst du dich oft so? Wie fühlst du dich meistens?"
- „Wie möchtest du gerne sein?"
- „Wo würdest du gerne wohnen?"
- „Wen wünschst du dir zum Freund, zur Freundin?"

Damit jedes Kind angeregt wird, sich über seine Person Gedanken zu machen und sich zu äußern, finden solche Gespräche am besten in kleinen Gruppen statt. Auch Gespräche mit nur zwei oder drei Kindern, die sich in kleinen Einheiten über einen längeren Zeitraum hinziehen, können wertvoll sein.

Und wer mag noch ein Bild mit dem Titel „So möchte ich gerne sein" malen?

# Carola

## So bin ich! – Ein Spiel, nicht nur für Kinder

Die Auseinandersetzung mit der eigenen Person läßt sich, mit etwas Fantasie, auch in einem Spiel vertiefen.

Die Aufgabe eines jeden Kindes besteht darin, im Laufe des Spiels möglichst viele gute Eigenschaften oder Fähigkeiten von sich zu nennen. Mit jeder positiven Antwort geht das Kind auf einer Brücke ein Stück dem neuen Ufer entgegen.

Der Bach, über den die Brücke führt, läßt sich mit blauen Tüchern andeuten, die Brücke kann aus etwa fünf Brettern oder Bauklötzen bestehen. Mit jeder guten Eigenschaft oder Fähigkeit, die das Kind nennt, geht es einen Holzklotz weiter, bis es ans Ufer gelangt.

Ein Kind, das nur ein oder zwei gute Eigenschaften und Fähigkeiten an sich entdeckt, kann nach einer gewissen Zeit die Hilfe der Gruppe annehmen. Die Kinder aus der Gruppe rufen ihm dann auf Anfrage zu, was ihnen an ihm gut gefällt.

Gute Eigenschaften von sich zu nennen ist für viele Kinder – und Erwachsene – gar nicht so einfach, denn oft kommen uns eher die negativen Eigenschaften in den Sinn. So ein Spiel hilft uns also auch, besser zu verstehen, wie sich ein Kind tatsächlich einschätzt. Danach werden wir vielleicht das eine oder andere Kind stärker als bisher aufbauen, ihm immer wieder Gelegenheiten anbieten, sein Selbstbewußtsein zu festigen, ihm dazu verhelfen, sich so anzunehmen, wie es ist.

## Was wäre, wenn ich ...

Timm

Auch wenn man im Prinzip mit sich einverstanden ist, wünscht man sich manchmal doch, anders zu sein, womöglich sogar, ganz anders ...

Vielleicht wünscht sich das eine oder andere Kind, eine Katze oder ein wildes Pferd zu sein. Auch hier soll die Fantasie gefordert und gefördert werden. In Gesprächen, gemalten Bildern und kleinen Rollenspielen können Kinder ihre Wunschvorstellungen konkretisieren: „Ich wünschte, ich wäre ... ein Vogel, eine Maus, ein Zauberer ... mit großen Flügeln, mit flinken Beinen, mit magischen Kräften ... und könnte ... in jedes Haus durch den Schornstein hineinschauen ...“

Oder Sie bringen verschiedene Fragen in den Gesprächskreis ein: „Was wäre, wenn du ... Flügel hättest oder scharfe Krallen oder vier Beine, vier Hände, unter der Erde wohntest ...?“

Solche kleinen Hinweise regen die Vorstellungskraft an. Die Kinder erleben, daß in der Fantasie nichts unmöglich ist. Wenn wir ein Kind anregen, sich Gegebenheiten immer mal wieder anders vorzustellen, als sie tatsächlich sind, entwickelt es seine Fantasie und lernt, Unmögliches möglich zu machen, Probleme kreativ anzugehen und – zumindest in der Fantasie, in Bildern oder in Gesprächen – zu bewältigen. Und dies ist schon der erste Schritt, Probleme selbständig zu lösen, wie es im späteren Leben oft verlangt wird.

# Und was ist das?

## Wörter helfen die Welt entdecken

So wie jeder von uns einen Namen hat, haben Menschen auch jedem Ding einen Namen, ein bestimmtes Wort zugeordnet. Selbst unsere Gefühle, Stimmungen oder Wünsche, und wenn diese noch so unrealistisch sind, können wir benennen. Auch für Eigenschaften von Gegenständen, für Jahres- und Tageszeiten, für alles, was wir tun und denken, haben sich Wörter gefunden. Es ist wichtig, diese Wörter zu kennen, denn nur dann ist eine gute Verständigung möglich.

Doch was für uns selbstverständlich erscheint – daß zum Beispiel ein Stuhl ein Stuhl ist –, müssen Kinder erst lernen. Von Monat zu Monat, von Jahr zu Jahr erweitern sich ihr Wortschatz und das Wissen um die Dinge der Welt, auf die sich die Wörter beziehen.

Der Erfahrungs- und der Wortschatz sind ganz eng miteinander verbunden. Manchmal kennt ein Kind ein Ding und lernt erst dann, es auch zu benennen. Manchmal ist zuerst das Wort da, und das Kind muß entdecken, was sich dahinter verbirgt. Bevor ein Kind nun die vielen, vielen Wörter unserer Sprache anwenden kann, muß es sie begreifen.

Am besten be-greifen Kinder den Sinn eines Wortes über ihre Sinne. Wenn dies nicht möglich ist, tun Kinder sich wesentlich schwerer, Wortinhalte zu verstehen und Wörter sinnvoll anzuwenden. Besonders deutlich wird dies, wenn Kinder bestimmte Ausdrücke immer wieder verwechseln oder falsch einsetzen, wie etwa Zeitbestimmungen: „Morgen war ich bei meiner Oma" oder „Gestern fahren wir in Urlaub".

Der Erfahrungsbereich der Kinder ist noch nicht sehr umfangreich. Im Vorschulalter und frühen Schulalter ist ihre Neugierde, etwas zu entdecken und zu erproben, stärker ausgeprägt, als sie es jemals später wieder sein wird. Diese Chance sollten wir nutzen. Ermöglichen wir es den Kindern, die Welt und ihre Wörter in sinnlichem und sinnvollem Zusammenhang zu entdecken. Dieses Kapitel regt dazu an – auf spielerische und fantasievolle Weise: Rätsel fordern Kinder auf, sich mit der Welt und den Namen der Dingen auseinanderzusetzen. Aktionen für alle Sinne helfen, Wörter im wahrsten Sinn zu begreifen. Und wir machen die Erfahrung: Wer die Dinge und die Wörter kennt, sieht Zusammenhänge, entdeckt Verwandtschaften – und lernt, die Welt in ihren unzählig vielen Einzelteilen zu strukturieren und leichter überschaubar zu machen. Aber auch allerlei Unsinn ist erlaubt. Die Fantasie macht's möglich, und Wörter stellen die Welt auf den Kopf! Nutzen wir die Zeit, in der die Kinder dafür empfänglich sind, wo es kein falsch und kein richtig gibt, wo alles Unmögliche möglich ist, wo alles fantastisch sein darf.

# Rate, rate, was ist das?
## Auch Dinge haben einen Namen

Beim Rätselraten erfahren Kinder, daß auch Dinge einen Namen haben: Alles läßt sich mit Wörtern benennen. Und das ist praktisch. Wer das richtige Wort für ein Ding nicht kennt, kann es natürlich umschreiben. Das kann Spaß machen und die Fantasie anregen, doch im Alltag ist dies recht umständlich. Auch das merken wir beim Rätselraten.

**?** Rätsel helfen, die Welt zu entdecken: sie fordern uns heraus, Dinge genau wahrzunehmen, um sie dann zu umschreiben oder um Rätsel zu lösen ...

**?** Rätsel raten und Rätsel stellen, Bezeichnungen und Umschreibungen suchen, dies weckt die Fantasie und zeigt Kindern die Vielfalt unserer Sprache.

**?** Rätsel mit einer poetischen, bildhaft vergleichenden Sprache zeigen Kindern neue Ausdrucksmöglichkeiten. Sie regen zum Denken in Bildern an und fördern zugleich die poetische Wahrnehmung der Welt.

**?** Rätselraten spornt an zu flexiblem Denken, es erfordert und fördert aufmerksames Zuhören, Konzentration und geistige Disziplin.

Rätsel raten und Rätsel stellen sind Aufgaben, in denen sich Kinder erst üben müssen. Deshalb sollten Sie zuerst einfache Rätsel stellen. Wiederholungen geben dem Kind das Gefühl, schnell antworten zu können, und ermöglichen es ihm, mit ähnlichen Formulierungen eigene Rätsel zu erfinden.

### Rätsel helfen die Welt entdecken

**?** Kinder können Rätsel leichter lösen, wenn sie gerade mit dem gesuchten Gegenstand zu tun haben. Beim Basteln mit Kastanien, Eicheln oder Nüssen eignen sich folgende Rätsel:

*Stacheln hab' ich wie ein Igel.
Ei, sieht das nicht lustig aus?
Purzle ich vom Baum herunter,
springt ein braunes Männlein raus.*

*Mich sammelt groß und klein
und frißt vergnügt das wilde Schwein.*

*Hat ein Häuschen hart wie Stein,
doch was drin ist, das schmeckt fein.*

**?** Und wenn an einem hellen Wintermorgen die Sonne durchs Fenster scheint oder wenn wir beim Spaziergang Sonnenstrahlen entdecken, bietet sich dieses Rätsel an:

*Es geht durch Hecken und Zäune,
durch Fenster und kahle Winterbäume
und raschelt nicht.*

**?** Eine Wanderung mit verschiedenen Stationen, an denen Rätsel zu lösen sind, ist von besonderem Reiz. Hier können Tiere oder, wie oben, Früchte des Waldes erraten werden. Und vor einer Pause ist das Rätsel vom Apfel oder vom Brot dran:

*Im Haus mit fünf Stuben,
da wohnen braune Buben.
Keine Tür führt ein und aus,
wer sie besucht, vernascht das Haus.*

*Wir essen es täglich, es schmeckt uns fein,
mit Butter und Honig, auch trocken kann's sein.*

**?** Am Ziel der Wanderung kann noch eine kleine Schatzsuche stattfinden: was sich in der Schatzkiste befindet, ist in Rätsel verpackt und muß vor dem Öffnen erraten werden.

## Rätselbilder

Ein Bilderlotto hilft beim Rätselraten und Formulieren. So kann ein Kind, das die Bilderkarten vor sich hat, in die Runde hinein fragen: „Was ist das? Es ist eine Blume, es hat … Wer hat diese Blume (Tier, Besteck …) auf seiner Bildertafel?" Entdeckt ein Kind den Gegenstand auf seiner Tafel, nennt es den Namen und erhält das Kärtchen. Auch aus Katalogen können zum Beispiel Blumen, Sträucher oder Obstsorten ausgeschnitten und auf Pappkarten geklebt werden. Ein Kind beschreibt den Gegenstand einer Karte. Wer ihn errät, erhält das Kärtchen.

## Rätseltheater

**?** Rätsel lassen sich auch in die Tat umsetzen oder spielen. Dann fällt es Kindern leichter, die Zusammenhänge zu verstehen und die Lösung zu finden.

*Es hat ein Loch*
*und macht ein Loch*
*und schlüpft durchs Loch hindurch*
*und zieht eine lange Schleppe hinter sich her.*

Wenn Sie nach längerer Bedenkzeit den Tip geben, daß jeder Schneider dieses Ding hat, wird die Lösung schon einfacher. Um das Rätsel nun ganz deutlich zu machen, nehmen Sie eine große Stopfnadel mit einem Faden im Öhr. Stechen Sie (oder ein Kind) die Nadel in ein Stück Filz oder ein Blatt Papier - und jeder kann sehen, wie die Nadel ein Loch sticht und hindurchschlüpft.

**?** Auch spielen lassen sich viele Rätsel, besonders wenn es um Tiere geht. Während ein Kind, dem Sie die Lösung zugeflüstert haben, als Hund, Schwein oder Wolf im Kreis umherläuft, stellen Sie das Rätsel:

*Singt kein Lied, spricht kein Wort*
*und meldet doch jeden Gast sofort!*

*Welches Tier gibt Fleisch und Würste*
*und auch die Haare zu der Bürste?*

*Am Rande des Waldes, in Mulden, unter Hecken*
*kannst du meine Blume und meine Löffel entdecken.*
*Meister Lampe und Mümmelmann werd' ich genannt,*
*bin allen hier im Lande wohl bekannt.*

**?** Und wie wäre es mit Puppenspielrätseln? Wir spielen: „Kasper besucht die Hexe. Die Hexe hält Gretel gefangen und fordert vom Kasper, fünf Rätsel zu lösen – dann wird sie die Gretel freilassen." Selbstverständlich helfen alle Kinder dem Kasper, die Rätsel zu lösen.

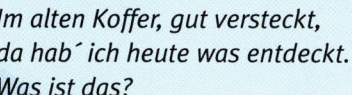

## Der Rätselkoffer

*Im alten Koffer, gut versteckt,*
*da hab' ich heute was entdeckt.*
*Was ist das?*

Mit einem alten Koffer und diesem Vers läßt sich ein Ratespiel einleiten. Ein Erwachsener oder, wenn das Spiel bekannt ist, ein Kind, sitzt hinter dem halb geöffneten Koffer, sucht sich mit den Augen einen Gegenstand heraus und beschreibt ihn nach Form, Farbe, Material, Gebrauch. Wer kann den Gegenstand nun beim Namen nennen? Das Spiel wird immer wieder von neuem spannend, wenn alle Kinder von einem Spaziergang oder von zu Hause etwas für diesen „Rätselkoffer" mitbringen. Und wer mag, kann erzählen, wo und wie er den Gegenstand gefunden hat, was ihm daran gut oder nicht so sehr gefällt …

## Rate mal, wie heißt das Bild?

**?** Wir betrachten Fotos oder Gemälde auf Kalendern oder Postkarten und geben ihnen einen Titel.
**?** Ein Kind oder ein Erwachsener malt eine Situation auf, und ein anderes Kind benennt sie. Ein Beispiel: Ein eingezäunter Platz mit Pferd und Reiter, auch Hindernisse sind zu sehen. Was ist das? – Ein Reitturnier oder ein Pferdeausritt … Oder eine andere Szene: Sie zeigt eine Familie und eine Landschaft. Was ist das? – Ein Ausflug oder eine Wanderung oder Familienurlaub …

# Hoch und tief, warm und kalt
## Wir begreifen Wörter mit den Sinnen

Kinder begreifen Wörter nicht allein übers „Hörensagen": Kinder müssen erfahren, was hinter den Wörtern steckt, und das mit allen Sinnen! Dann tragen Wörter eine Stimmung, eine Bewegung, eine Farbe, einen Klang, ja sogar Geschmack. Dann sind Wörter keine leeren Hülsen, sondern bekommen einen Inhalt:

So lernt ein Kleinkind seine ersten Wörter: es hört ihren Klang, sieht die Dinge, die genannt werden, fühlt und schmeckt sie. Für jedes Kind ist es wichtig, seine Sprache auch weiterhin so auszubauen. Und für Kinder, die aus einem anderen Land zu uns kommen, ist es eine wertvolle Hilfe, wenn sie unsere Sprache über die Sinne erfahren und die Bilder, Klänge, Gefühle, den Geschmack der neuen Wörter wahrnehmen können.

Eröffnen wir den Kindern neue Erlebniswelten! Kleine Aktionen wie die folgenden helfen, Begriffe sinnlich erfahrbar zu machen. Sie verstehen sich als Anregungen, die nicht vom Alltag losgelöst sein wollen, sondern immer wieder in das Leben der Kinder integriert werden.

### Wie tief ist der Sand?
### Wie hoch der Berg?

Die Kinder gehen der Frage nach, wie tief eigentlich der Sand im Sandkasten reicht und wann wir den Erdboden entdecken. Dazu wird ein besonders tiefes Loch gebuddelt und der herausgeschaufelte Sand gleichzeitig zu einem hohen Berg angehäuft. Hier müssen die Kinder Absprachen treffen: Wie groß soll das Loch sein? Wer schaufelt wo? Wohin mit dem Sand? Ein tiefes Loch und ein hoher Berg: Diese Begriffe werden bei solch einer „Buddelaktion" bildhaft.

„Wer traut sich, ins tiefe Loch zu springen und wieder herauszukommen, ohne daß die Wände einstürzen?"

„Und wer kann noch andere Dinge nennen oder zeigen, die tief sind und die hoch sind?"

### Aus lang wird kurz – aus fern wird nah

Ein Spaziergang in der freien Natur schenkt Kindern immer wieder sinnliche Erfahrungen. Diesmal sammeln die Kinder möglichst viele Äste, die sie später nach dick und dünn sortieren. Dann werden die langen Stöcke mit einer Gartenschere in etwa 20 Zentimeter kurze Stücke geschnitten. Hier werden Begriffe wie dick und dünn, lang und kurz gebildet.

Beobachten Sie einmal, welche Ideen das Material den Kindern im freien Spiel liefert und welche Absprachen dabei erfolgen.

Hier einige Anregungen, welche Begriffe die Kinder auf diese Weise sinnlich erfahren können:

Mit den kurzen Aststücken legen wir eine lange Straße; sie kann mal breit, mal schmal sein, mal gerade, mal kurvig verlaufen.

Auch Bilder oder Formen können mit den Hölzern gelegt werden: Aus vielen kleinen Stücken wird beispielsweise ein großer Baum.

Oder es werden Zeichen, wie etwa Richtungspfeile, gelegt. Sie können eine Route durch den Kindergarten weisen, nach rechts, nach links, geradeaus zeigen. Auch hier wieder: aus vielen kurzen Stücken wird ein langer Weg.

Die Kinder können die Stücke auch mit kleinen Fahrzeugen von einer „Baustelle" zur anderen transportieren: mal schnell und mal langsam – von hier nach dort – fern wird nah.

## Hoher Turm
## Tiefer Brunnen

Wir verwenden die gleichen Aststücke für eine kleine Spielaktion, die Begriffe wie gerade und schief, hoch und tief, weit und nah, breit und schmal tatsächlich erfahrbar werden läßt. Die Aufgabe lautet: „Wir bauen einen hohen Turm und gleichzeitig einen tiefen Brunnen – und zwar mit den kurzen Aststücken." Fragen Sie zunächst, wie die Kinder sich die Lösung dieser Aufgabe vorstellen, bevor Sie die Spiel-anweisungen geben:

Jeder Mitspieler erhält etwa drei bis fünf Aststücke. Nacheinander legen die Kinder in der ersten Runde jeweils ihr erstes, in der nächsten Runde das zweite und später das dritte Aststück so aufeinander, daß ein viereckiger Turm entsteht. Dabei sind Fingerspitzengefühl und eine gute Zusammenarbeit wichtig. Kippt der Turm, muß von neuem begonnen werden. Sind alle Hölzer verbaut, können die Kinder einen hohen Turm und gleichzeitig einen tiefen Brunnen bestaunen, der sich jetzt als Wurfziel für kleine Papierkügelchen nutzen läßt.

Aus welcher Entfernung trifft man wohl am besten? Wenn man nah ist – oder weit weg?

Wer schafft es, drei Papierkügelchen aus einer Entfernung von drei Schritten in den Brunnen zu werfen?

Gelingt es, den Turm zum Einsturz zu bringen? Oder müssen größere Papierkugeln geknüllt werden und zum Einsatz kommen?

## Hände wiegen leicht und schwer

Die Begriffe leicht und schwer kann ein Kind besonders gut erfahren, wenn es seine Arme zur Waage ausstreckt. Ein anderes Kind legt ihm auf jede Hand einen Gegenstand: zum Beispiel einen Stein und einen Holzklotz, ein Buch und einen Schuh, ein Farbstift und eine Bastelschere, eine Salatgurke und eine Kartoffel oder ein Spielzeug. Mal wird das eine, mal das andere Ding als schwer empfunden. Und manchmal sind kleinere Gegenstände schwerer als größere ...

Und was können die Hände spüren, wenn sie das Holz und den Stein, die Gurke und die Karotte, das Buch und den Schuh anfassen? Was ist kälter oder wärmer, rauher oder glatter, weicher oder härter?

Auch bei solchen Aktionen ist es wesentlich, daß die Kinder stets in sprachlichem Austausch bleiben und über den vorgegebenen Bereich hinausgehen.

## Wir fühlen mit den Füßen

Nicht nur mit den Händen, mit dem ganzen Körper können wir Eigenschaften von Dingen erspüren: mit den Füßen, den Lippen, mit dem Rücken, dem Bauch ...

Jedes Kind bringt einen Gegenstand: aus der Natur, der Wohnung, dem Spielzimmer ... Alles kommt unter ein großes Tuch auf den Boden, so daß kein Zweiter es sieht. Jetzt setzen sich die Kinder barfuß um das Tuch, strecken ihre Beine darunter und versuchen mit den Zehen, einen Gegenstand zu sich heranzuziehen. Nacheinander beschreibt jedes Kind dieses Ding: „Ich habe ein rauhes, spitzes, festes Ding gefischt. Es ist ungefähr so lang wie mein Fuß, so dick wie eine Gurke, so leicht wie eine Gurke. Ich denke, es kommt aus dem Wald. Was könnte das sein?"

Auch hier ist Vorstellungsvermögen gefragt: gleichermaßen bei dem Kind, das „fühlt", und bei den anderen, die zuhören und raten.

Ein Kind liegt mit geschlossenen Augen auf dem Boden, ein anderes führt einen Gegenstand über die Beine, den Bauch, über die Arme und den Rücken ... „Was spürst du auf dem Bauch? Woran denkst du, wenn du das spürst?" solche Fragen helfen dem Kind, seine Empfindungen zu beschreiben.

# Du Ferkel!
## Wir entdecken, wie Tiere sind

Wer kennt sie nicht „Die Bremer Stadtmusikanten"? Kinder mögen diese Tiere, aber auch deren Namen: die Katze Bartputzer, den Hund Pack-an, den Hahn Rotkopf und den Esel, der Grauer genannt wird. Und in dem Kinderlied „Wide-wide-wenne" treffen wir das Huhn Kann-nicht-ruhn und die Gans Wackelschwanz. Doch nur, wer die Tiere kennt und einmal genauer beobachtet hat, kann mit diesen Namen wirklich etwas anfangen.

Kinder lieben Tiere und lassen sich deshalb gerne an diesen Themenbereich heranführen. Sie lernen beobachten, sie entdecken, wie sich die Welt der Tiere in unserer Sprache wiederspiegelt, – sie begreifen dieses ganze Wortfeld besser, sie lernen Tiere zu benennen und zu beschreiben: Wie bewegt sich das Tier? Was und wie frißt es? Wie ruht es beim Schlafen? Wie greift es an, oder wie reagiert es auf andere?

Kontakte zu Tieren helfen, eine differenzierte Bilder- und Wörterwelt zu schaffen: Eine Katze kratzt, schleicht, buckelt, schnurrt, maunzt, schleckt, springt ... Ein Hund rennt, buddelt, knurrt, bellt, jault ... Ein Vogel zwitschert, piepst, tiriliert, fliegt, flattert, steigt empor, schwebt ...

### Kennst du mein Tier?

Jeder stellt ein Tier in Form eines Rätsels vor. Dabei sollte er mindestens fünf Eigenschaften sagen, bevor jemand die Lösung nennt. Zunächst beginnt ein Erwachsener: „Mein Tier lebt im Haus und auch im Freien. Es liegt gern in der Sonne. Es hat ein weiches Fell. Es hat scharfe, spitze Krallen, die es einziehen kann. Es klettert flink auf Bäume ..." Kinder sind hier aufgefordert, ihre

Beobachtungen zu formulieren, möglichst so, daß die anderen nicht sofort die Lösung kennen.

Ein Kind denkt sich ein Tier aus und sagt lediglich, wo es dieses Tier gesehen hat: im Zoo, im Wald, auf dem Bauernhof, auf der Wiese ... Die anderen tasten sich fragend an die Lösung heran: Hat das Tier vier Beine? Ist es größer als eine Kuh? Hat es ein haariges Fell? ...
Hier sind die Ratenden aufgefordert, ihre Gedanken in Worte zu fassen. Wieder sind mindestens fünf Fragen zu stellen, bevor die erste Antwort kommt.

### Tierschattentheater:
### Ein Besuch im Zoo

Bei einem Schattentheater zum Thema „Ein Besuch im Zoo" können wir Tierbeobachtungen in Bewegungen und in Sprache umsetzen. Jedes Kind macht hinter einem gespannten Tuch den Schatten eines Tieres. Ein Sprecher führt die Besucher durch den „Zoo": „Hier sehen Sie den jüngsten Elefanten der Familie Rüsselschnaufer. Sogar auf drei Beinen kann er stehen und sich im Kreise drehen. Was hast du uns heute zu erzählen, kleiner Schnüffelrüssler, äh, nein, Rüsselschnaufer?" Nun erzählt das Elefantenkind zum Beispiel, mit welchen Tieren es gerne zusammenleben würde oder ob es gar ein Kind zum Freund hat und mit diesem ein Abenteuer erleben möchte. Zumindest aber ahmt es Elefantengeräusche nach.

Die Rolle des Sprechers kann anstelle eines Erwachsenen auch ein Kind übernehmen. Dann bilden immer zwei Kinder ein Paar: eines spielt das Tier, das zweite kommentiert, was dieses Tier alles kann und frißt, wo es sich am liebsten aufhält, was seine Gewohnheiten sind ...

## Fantastische Tiere

Die Kinder erfinden neue Tiernamen. Sie können etwas über die Eigenarten, das Aussehen des Tieres aussagen, aber auch über unser Verhältnis zu ihnen oder einfach frei erfunden sein. So könnte das Meerschweinchen Kuschel-Schmuse-Knäuel heißen, aber auch Cobayo wie in Spanien. Ein Pony könnte den Namen Lauf-ins-Feld erhalten. Die Katze kann Bartputzer, Kedi, was türkisch ist, oder italienisch Gatto heißen.

Und was ist ein Krokoeleling oder eine Goldringelmarie? Das sind fantasievolle Verbindungen von Krokodil, Elefant und Schmetterling, von Goldhamster, Ringelnatter und Marienkäfer. Können drei Kinder sich wohl zu solch einem Wundertier zusammenfinden? Oder auch umgekehrt: Von einem oder mehreren Kindern wird ein Fantasietier dargestellt, gemalt oder gebastelt, und die anderen suchen einen Namen.

## Mensch, hast du Schwein!

*Neulich saß ich auf einer Bank im Stadtgarten. Dort tummelten sich auf dem Spielplatz viele Kinder. Ein paar waren in Streit geraten, und sie beschimpften sich gegenseitig. „Du Horn-ochse!" – „Du blöde Kuh" – „Dreckspatz du!" – „Dummer Esel!" – „Doofe Ziege!" Da ging eine Mutter zwischen die streitenden Kinder und rief: „Hört auf! So eine Saubande, immer beginnt ihr zu streiten!" – „Da hast du noch mal Schwein gehabt, Kleiner", rief ein großer Junge und verließ den Spielplatz.*

Wer von den Kindern hat schon einmal gehört, daß sich zwei beschimpfen und dabei Tiernamen benutzen, also den anderen als Esel, Schwein, Kuh oder Dreckspatz beschimpfen?

Wer kann eine ähnliche Szene spielen?

Nun können Sie mit den Kindern über diese Beschimpfungen ins Gespräch kommen. Besonders mit dem Schwein gehen wir übel um. Für soviel muß es herhalten: Sauwetter, Saubande, Schweinefraß, Dreckschwein, Schweinkram; außerdem kann etwas oder jemand saublöd oder saudumm sein.

„Findet ihr das den Tieren gegenüber gerecht? Ist ein Esel oder eine Ziege wirklich dumm? Eine Kuh blöd? Ein Spatz dreckig?"

Das Schwein ist weder ein altes Ferkel, noch ist es saudumm. Wenn es um die Lernfähigkeit geht, nimmt es jedes Schwein mit dem Hund auf. Außerdem hat es einen Reinlichkeitssinn. Zum Dreckferkel kann ein Schwein nur in der Tierhaltung werden, auch sein Stall wird nur durch

Menschen zum Saustall. Zum Trost gibt es aber noch das Glücksschwein. Ausdrücke wie Schmutzfink oder Dreckspatz sind eher bekannt, als die Tatsache, daß sich Spatzen nur im Schmutz wälzen, wenn ihnen zum Bad das Wasser fehlt. Mit dem feinen Sand und Staub, in dem sich Spatzen gerne baden, rubbeln sie sich Milben und andere Parasiten aus dem Gefieder. Danach sind sie genauso sauber wie so manche Katze nach ihrer Wäsche, denn Katzen machen keinesfalls nur Katzenwäsche. Über drei Stunden am Tag verbringen sie damit, ihr Fell zu pflegen. Übrigens, auch Rabeneltern sind besser als ihr Ruf! Sie kümmern sich liebevoll und aufopfernd um ihre Jungen.

# Was gehört zusammen?
## Wir finden für Dinge Familiennamen

Die meisten Kinder können sich unter einem Marienkäfer, einer Fliege oder einer Biene etwas vorstellen, nicht aber unter dem Begriff Insekten. Sie kennen Bananen, Äpfel, Kirschen. Aber was ist Obst? Was Gemüse?

Auch in der ersten Grundschulklasse haben viele Kinder noch Schwierigkeiten, Dinge mit bestimmten gleichen Eigenschaften unter einen Oberbegriff zu ordnen. Doch um die Welt in ihrer Vielfalt und Unübersichtlichkeit zu strukturieren, um sich in der Welt zu orientieren, ist es notwendig, Oberbegriffe zu kennen und zu wissen, was darunterfällt. Wer sie kennt, findet sich zum Beispiel beim Einkaufen, in Büchern oder auch beim Rätselraten schneller und besser zurecht. Dann fällt auch das Aufräumen und Wiederfinden von Dingen leichter.

Mit etwas Fantasie können wir Kindern schon früh begreifbar machen, daß manche Dinge miteinander „verwandt" sind und einen gemeinsamen „Familiennamen" haben: indem wir ihnen die Möglichkeit geben, Verwandtschaften zu entdecken und Dingen Familien zuzuordnen.

beispielsweise für ein Halstuch, ein Puppenkleid und Handschuhe: Alle sind rot. Ein anderes Kind wählt einen Pullover, eine Mütze und ein Paar Strümpfe: Alles ist aus Wolle. Was haben eine Büroklammer, eine Nagelschere und ein Fahrrad gemeinsam? Sie sind aus Metall. Wir haben eine Familie Rot, eine Familie Wolle und eine Familie Metall gefunden.

Wir können den Kindern nun erklären, daß jedes Ding einer Familie angehört wie bei uns Menschen. In der Familie Müller hat jeder seine besonderen Eigenarten, dennoch gehören die Familienmitglieder zusammen und haben den gleichen Nachnamen Müller. Ähnlich ist es auch mit den Dingen, die uns umgeben.

Gemeinsam kann nun überlegt werden, wie sich die gefundenen Teile noch zusammenstellen lassen: So sind etwa Halstuch, Puppenkleid, Handschuhe rot, sie gehören aber gleichzeitig zur Familie Kleidung. Wir können auch mischen: Mütze, Handschuhe, Pullover gehören zur Familie Winterkleidung ...

## Aufräumspiel: Wir sammeln und sortieren

Eine Aufräumaktion kann der Beginn für das folgende Spiel sein: In einem großen Wäschekorb oder auf einem ausgebreiteten Bettuch wird alles zusammengetragen, was aufgeräumt werden soll beziehungsweise nicht da ist, wo es hingehört. Da findet sich so manches! Aber auch die Aufforderung „Jedes Kind sucht fünf Dinge, die ihm besonders gut gefallen" bringt einiges zusammen.

Aus diesem Sammelsurium wählt dann jedes Kind drei Gegenstände, die etwas miteinander gemeinsam haben. So entscheidet sich ein Kind

## Wir eröffnen ein Geschäft:

### Was gehört wohin?

Jedes Kind darf einen Laden eröffnen: ein Spielzeuggeschäft, ein Haushaltswarengeschäft, eine Gärtnerei, eine Bäckerei oder ein ganzes Lebensmittelgeschäft ... Mit der Zeit entsteht eine „richtige Einkaufsstadt".

Jeder Geschäftsinhaber sucht zunächst in Prospekten und Katalogen, was er verkaufen möchte, er schneidet die Abbildungen aus und klebt sie auf kleine Pappkarten. Für einen Lebensmittelladen benötigt man allerlei Konserven und Frischkost, Zutaten zum Backen und Kochen und vieles andere mehr; für die Gärtnerei verschiedene Obst- und Gemüsesorten; für den Spielzeugladen Tischspiele und Baumaterial, Fahrzeuge und Puppen ... Jeder sortiert dann seine Waren in einen Karton ein. Dabei zeigt sich, daß sich die Waren nochmals genauer sortieren lassen. So gibt es in der Gärtnerei Kräuter, Schnittblumen, Topfpflanzen, Gemüse und Obst ... Bei den Haushaltswaren finden wir Besteck, Speise- und Kaffeeservice, Gläser und Küchengeräte ...

### Einkaufen und verkaufen

Die Kinder werden zu Kunden und sind aufgefordert, die Artikel, die sie möchten, in den entsprechenden Läden zu suchen. So müssen vielleicht für das Mittagessen Tomaten und Bohnen eingekauft werden, für das Frühstück Vollkornbrot, Milch und Joghurt. Alle gehören zur großen Familie der Nahrungsmittel, aber sie haben noch genauere Namen: Tomaten und Bohnen finden wir beim Gemüse, Vollkornbrot bei den Backwaren, Milch und Joghurt bei den Milchprodukten ...

Es gibt Geschäfte, da bedienen sich die Kunden selbst; dann müssen sie wissen, wo sie was finden. In anderen Geschäften sagt man dem Verkäufer, was man möchte, dann muß dieser wissen, wo was ist ...

Und nach dem Einkaufen geht's noch weiter: Jedes Kind hat zehn Sachen eingekauft – doch zu Hause wollen die auch sortiert und aufgeräumt werden. Dabei gibt's wieder verschiedene Möglichkeiten ...

Auf spielerische Weise entdecken und begreifen Kinder so immer neue Oberbegriffe.

### Wer gehört zur Familie – und wer nicht?

Wir können mit Gegenständen wie auch mit Bildkarten spielen. Je nach Alter der Kinder werden fünf bis zehn Teile ausgesucht, die alle derselben Familie angehören, mit Ausnahme von zwei Teilen. Zum Beispiel liegen auf dem Tisch ein Suppenlöffel, ein Tafelmesser, eine Gabel, ein Kaffeelöffel, eine Säge und ein Schraubenzieher. „Welche

Familie ist hier zusammen?" und „Was gehört nicht dazu?" lauten dann die Fragen an die Kinder. Vielleicht werden aber auch zwei Familien gefunden.

Schwerer wird es, wenn tatsächlich zwei Familien gefunden werden können, ein bis zwei Teile aber trotzdem nicht dazugehören – oder etwa doch? Auf dem Tisch liegen Bildkarten von einem Hund, einem Fuchs, einem Meerschweinchen, einer Katze, einem Wellensittich, einem Schmetterling, einem Marienkäfer, einer Wespe, einem Jungen und einer Frau. Der Hund, die Katze, das Meerschweinchen und der Wellensittich sind Haustiere; der Schmetterling, der Käfer und die Wespe gehören zur Familie der Insekten; der Junge und die Frau zu den Menschen; der Fuchs ist als einziges ein Raubtier. Wir können aber auch nur zwei Familien bilden: Tiere und Menschen. Oder gar nur eine: nämlich Lebewesen. Wer findet diese Familien heraus? Wer findet noch weitere?

### Schmecken, fühlen, hören – und sortieren

Nicht nur mit den Augen, auch mit anderen Sinnen sind wir in der Lage, Dinge zu erkennen, zu sortieren und Familien zuzuordnen.

Ein Kind legt fünf Teile auf den Tisch, ein anderes Kind versucht, sie mit verbundenen Augen ein oder zwei Familien zuzuordnen. Da liegen zum Beispiel ein Streichholz, ein Bauklotz, ein hölzerner Kochlöffel, ein Kaffeelöffel, eine Büroklammer. Hier sind Holz- und Metallwaren zu trennen.

Über das Gehör lassen sich Papier und Glas erkennen und trennen. Wir bringen folgendes zu Gehör: das Zusammenknüllen einer Zeitung, das Zerreißen eines Papierbogens, das Anstoßen mit zwei Trinkgläsern und zwei Flaschen und das schnelle Durchblättern eines Buches ...

Wer mehrere Instrumente besitzt, kann auch hier über das Gehör zwischen Tönen eines Holzinstrumentes und eines Metallinstrumentes unterscheiden: etwa Triangel, Glockenspiel, Xylophon, Holzblocktrommel ...

Beim Schmecken lassen sich Obst und Gemüse, frische Kräuter und Süßigkeiten und anderes mehr unterscheiden. Auch die Nase ist hier hilfreich.

# Wir stellen die Welt auf den Kopf
## Wörter machen Unmögliches möglich

Wörter helfen Kindern, die Welt zu entdecken und besser zu verstehen. Umgekehrt lernen die Kinder beim Entdecken der Welt, die Wörter besser zu begreifen. Und nur wer die Bedeutung einer Sache und den Sinn eines Wortes kennt, kann auch Unsinn verstehen. In einem Alter, in dem Kinder große sprachliche Fortschritte machen, haben sie besonders viel Freude daran, ihr Können auf die Probe zu stellen und in Texten Unsinn aufzudecken. Und mit ihren eigenen Worten und mit Fantasie können sie Unmögliches möglich machen, Neues erfinden, und schnell ist die Welt auf den Kopf gestellt. Lügenmärchen und fantastische Verse, Blödeleien mit Wörtern und Silben: Kinder finden Gefallen an unsinnigen Sprachspielereien und werden dadurch angeregt, aufmerksam und fantasievoll mit ihrer Sprache umzugehen. Hier einige Beispiele und Anregungen.

### Ein echt wahres Lügenmärchen

**Das gibt's doch nicht! Oder doch?**
*Es war eine sonnige, sternenklare Nacht, als ein schlafender Dackelpudel langsam um die runde Ecke flitzte. Ein schwarzer Bernhardiner mit weißem Fell kam ihm von hinten entgegen. Gemeinsam rannten sie gemütlich den flachen Hügel hinauf. Als sie unten ankamen, entdeckten sie einen kleinen, weichen Knochen, der steinhart und riesengroß war. Sie schleppten ihn sofort nach vielen Stunden in ihre braune Hundehütte, die himmelblau gestrichen war. Am frühen Abend, noch ehe die Sonne aufging, kamen sie dort an.*
*Da flog plötzlich ein parkender Bus um die gerade Kurve. In dem Bus saßen viele Menschen. Ganz dicht gedrängt standen sie. Drei bis vier Fahrgäste waren es*

*ungefähr. Schweigend redeten sie aufeinander ein. Genau an der braunen Hundehütte, die himmelblau gestrichen war, stiegen zehn Flugpassagiere aus. Jeder schleppte einen schweren Koffer, der federleicht zu tragen war. In jedem Koffer, es waren fünf oder sechs, lag aufrecht stehend eine kugelrunde Paketschachtel, in schneeweißes Papier bunt verpackt. Was in dem Päckchen war, wollt ihr wissen? – Eine große Papierrolle, so winzig wie ein Radiergummi, auf der diese Geschichte geschrieben stand.*

Mit etwas Fantasie lassen sich recht leicht Lügenmärchen erfinden. Wenn Kinder die eine oder andere Lügengeschichte gehört haben, finden sie schnell Gefallen daran und erfinden neue. Geeignet sind auch Münchhausens Lügengeschichten oder das Märchen vom Schlaraffenland, außerdem das volkstümliche Gedicht von der „Kuh im Schwalbennest".

Beginnen Sie eine Lügengeschichte, vielleicht die hier abgedruckte, und die Kinder führen sie zu Ende.

Stellen Sie Behauptungen auf, die unmöglich wahr sein können. Wer den Schwindel bemerkt, klatscht mit den Händen, stampft mit den Füßen und stellt die Sache richtig. Hier einige Beispiele:
• „Gestern abend ging die Sonne besonders früh auf. Da bellten die beiden Katzen meines Nachbars so laut, daß ich gar nichts hörte."
• „Im Garten meiner Großmutter wachsen süße Zitronen an den Johannisbeerbäumen."
• „Zum Frühstück trinke ich am liebsten Kartoffelbrei und esse dazu ein Handvoll Apfelsaft."
Ein Tip: Verwenden Sie Gegenstände, Menschen oder Tiere, deren Eigenschaften oder Merkmale sich ins Gegenteil verkehren lassen, und geben Sie ihnen ganz neue, unmögliche Fähigkeiten.

## Familienspaß

🦋 Auch mit „Mitgliedern" gleicher Wortfamilien kann man viel Spaß haben. Voraussetzung ist: aufpassen und nachdenken!

• „Neulich saßen auf einer Wiese ein Schneehase, ein Zwerghase, ein Osterhase und ein Angsthase."
• „Kennst du diese Vögel: den Buchfink und den Grünfink, den Bergfink und den Schmutzfink?"
• „Mützen gibt es in allen Farben und Formen: Da findet man die Pudelmütze und die Schirmmütze, die hohe Kochmütze und die kleine Schlafmütze."

Was stimmt hier nicht?

🦋 Allein aus diesen drei Wortfamilien läßt sich eine kleine Geschichte machen:

> *Neulich saßen wir auf einer Wiese und beobachteten die Hasen. Da hoppelten Schneehasen, Zwerghasen, Osterhasen und Angsthasen munter umher. Plötzlich tauchte über uns eine Schar von Finken auf, darunter Buchfinken und Grünfinken, Bergfinken und Schmutzfinken. Mit ihnen kam ein kühler Wind, und wir zogen uns flink die Mützen über die Ohren. Irma schlüpfte unter die Pudelmütze, Paul setzte seine Schirmmütze auf, Jens kam mit seiner Kochmütze und du, du nahmst eine Schlafmütze.*

🦋 Und wer kennt die schönsten und verrücktesten Bäume? Es gibt Apfel- und Bananenbäume, Brotbäume, vielleicht auch Schokoladeneisbäume, Vogelbäume, Mammutbäume, Hundebäume, Affenbäume, Geldbäume,

Weihnachtsbäume und bestimmt noch Oster- und Geburtstagsbäume ... Was mag auf diesen Bäumen wachsen? Und was mag wohl in einem Schokoladeneiswald los sein?
Gewiß fallen den Kindern auch unendlich viele verschiedene Häuser oder Hunde oder Wolken oder Bären oder Autos ein ... Und wir veranstalten ein Autorennen mit einem Rennauto, einem grünen Feuerwehrauto, einem Spielzeugholzauto und einem Wackelpuddingauto quer durch die Gewitterwolken, Schäfchenwolken, Dackelwolken, Marmeladenwolken. Die Rennfahrer sind ein Braunbär, ein Grünbär, ein Eisbär und ein Kartoffelbreibär ...

## Bilder erzählen Blödel-Geschichten

Parallel zu den Wortblödeleien können die Kinder auch „unsinnige" Collagen erstellen. Da beginnt ein Stuhl zu fliegen, oder eine Kaffeekanne wird zu einem sonderbaren Kopf. Wir erfinden einen rasenden Fischmenschen und einen Schweinemenschenvogel. Hierzu werden Bilder aus Katalogen und Prospekten zu neuen Figuren zusammengeklebt.
In solchen Bildern stecken verrückte Geschichten. Wer kann eine entdecken und erzählen? Zum Beispiel die Geschichte vom fliegenden Stuhl oder vom federlosen Vogel, der in einem Spielzeugmeer schwimmt ...

# Quatsch mit Soße
## Gedichte können Unsinn machen

Großen Spaß haben Kinder auch an verrückten Reimen. Hier ist jeder Blödsinn erlaubt, um die Welt auf den Kopf zu stellen. Je verrückter die Reime sind, umso besser.

Um mit den Kindern in Reimstimmung zu kommen, fragen Sie doch einfach: „Was klingt so ähnlich wie Schuh?" – Kuh, muh, du ... „Was klingt wie Schlüssel?" – Schüssel, Rüssel, Büffel, Rüffel ...
Und schon können die ersten Verse entstehen:

*Der Büffel*
*steckt seinen Rüssel*
*in eine Schüssel*
*und kriegt einen Rüffel.*

*Hallo, du,*
*bunte Kuh,*
*schlüpf in die Schuh'*
*und mach muh.*

Oder Sie beginnen mit einer verrückten Verszeile, und die Kinder erfinden die zweite Zeile mit einem Reimwort.

*In einem Erdbeerkuchenhaus*
*wohnt die Rhabarberschneckenmaus.*

*Ich bau' mir aus Badeschaum*
*einen großen Kletterbaum.*

*Wer kommt denn da so polternd an?*
*Das ist Rumpelpumpelbollermann,*
*hat Rumpelpumpelstiefel an.*

Oder Sie nehmen eine bekannte Liedmelodie oder ein kleines Gedicht und erfinden einen neuen verrückten Text dazu.

*Alle Schweine sind schon da,*
*alle lila Schweine.*
*Jedes singt, so schön es kann,*
*und fängt auch zu tanzen an.*
*Alle Schweine sind schon da ...*

Auch sinnlose Spielereien mit Lauten sind erlaubt.

*Äde, bäde, äddadä,*
*öde, böde, öddödä.*
*Üde, büde, üddudü,*
*Auei, eiau, euauü.*

Und wer will, kann aus den Blödelgedichten kleine Blödelspiele machen.

*Im Hühnerhof, da war was los!*
*Ein Huhn erzählte seinen Traum:*
*„Ich flog auf einen Gummibaum,*
*fraß hier ein Blatt, ging in den Stall,*
*und legte einen Gummiball!"*

Ein Kind ist das verrückte Huhn, fliegt herum, dann legt es im „Stall" den „Gummiball" und hüpft wie ein Gummiball zum nächsten Kind, das nun das Huhn spielen wird.

### Auszählvers

Ix, ax, ux,
du bist der grüne Fuchs,
du bist die blaue Maus,
und du bist raus.

### Der kleine Musikus

Didel, dudel, dei,
dei, dudel, didel,
mir ist´s einerlei,
ich spiel´ auf meiner Fiedel.

### Der Fisch im Wasser

Blubb
blubb – blubb,
blubb, blubb, blubb,
blubb, blubb, blubb, blubb,
blubb.
Weg war er.

### Maulemig

Dorokonto absofzic?
Radequinta bleuweiplo.
Schirö-lundä, maulemig:
do-do, heia-heia, do …
Ani, ani, ani, ani, a!

### Das O

Hier mein Gedicht
vom O,
so rund wie dein Gesicht
und so
wie mein Popo.
Oho!!!

### Das Au und das S

Das S spielte mit dem AU.
Sie blieben zusammen
und wurden zur SAU.
„Hüpf über mich, S", sprach das AU.
Dann sprang das S über das AU.
Wer weiß, was aus ihnen wurde,
der ist schlau!!!

### Die Sau und das Schwein

Versteckt im BLAU
schläft das AU.
Da kommt die SAU,
frißt das AU.
Frißt auch das L – oh weh!
Zurück bleibt nur das B.

Da kommt das Schwein
will auch gefräßig sein.
Frißt von der SAU
das AU.
Ich rufe: „Friß, nur, friß,
dann bleibt nur noch das S."

### Auf zum Hundeball!

Fünf Hunde kamen zum Tanz:
Einer wedelte mit dem Schwanz,
einer tanzte so wickel, wackel,
das war der gestreifte Dackel.
Der längste war ein langer Spitz,
für ihn war der Tanz ein witziger Witz.
Der vierte tanzte die ganze Nacht
und hat sich dabei halb schief gelacht.
Und der fünfte, der ganz Kleine,
der führte mich zum Tanz an der Leine.

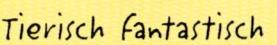

### Tierisch Fantastisch

Das Kakawu ist sonderbar,
fliegt hüpfend auf dem Gummiwar.

Der Waumiau kann bellen,
bis alle Glocken schellen.

Die Seefilanten schwimmen schnell,
hoch auf den Berg Klimobsdiwell.

Auf tausend Füßen
kriecht der Piripfau,
da trifft er Pau-Aupfiri, die Pirifrau.

Das kleingemampfte Scholisei
legt in den nassen Sand ein Ei.

Die Gribobaus ist lächerlich,
sie lacht noch mehr als du und ich.

Quatschblödeleidummso schreit raus:
„Das Dummgequassel ist jetzt aus!"

# Schaut, wie bunt ein Wort sein kann

## Wörter wecken Sinne und Gefühle

Wörter benennen nicht nur Dinge. In Wörtern verbirgt sich viel mehr. Entdecken, daß in Wörtern Farben, Bilder und Bewegung stecken, und spüren, wie Wörter Sinne und Gefühle wecken, darum geht's in diesem Kapitel.

Wenn wir einem Märchen lauschen oder ein Buch lesen, entstehen Bilder in unserem Kopf, aber auch andere sinnliche Erlebnisse, wie etwa Gerüche aus den Kindertagen, werden in uns wach: Da ist der Duft der Straßen nach einem warmen Sommerregen oder Mutters frisch gebackenem Kuchen. Auch Gefühle werden durch Worte hervorgerufen: Wir freuen uns oder trauern mit den Menschen und Tieren, die in einer Geschichte vorkommen oder identifizieren uns gar mit ihnen. Wir spüren Angst und eine gewisse Spannung, wenn es abenteuerlich oder unheimlich wird. Wir bekommen Hunger oder Appetit, wenn wir köstliche Rezepte lesen. Immer wieder sind unsere Sinne und Gefühle im Spiel. Bereits bei einzelnen Wörtern kann dies der Fall sein: Glück oder Kindheit, Frieden oder Tod rufen in uns Erinnerungen hervor, Bilder, Düfte, Geräusche, Gefühle. Ja sogar körperliche Reaktionen wie Wärme oder Kälte und Bluthochdruck können durch Worte ausgelöst werden. Manchmal kriegen wir eine Gänsehaut und spüren, wie sich uns die Haare sträuben. Oder wir entspannen uns und werden ganz ruhig – zum Beispiel, wenn wir auf Fantasiereise gehen.

In jedem Wort, in jedem Satz steckt aber auch ein Rhythmus, eine Bewegung – dies spüren wir beim Zuhören und beim Sprechen. Und wenn wir lebhaft reden, verleihen wir unseren Emotionen durch Bewegungen Nachdruck.

Wer aufmerksam ist, hört und spürt aber noch mehr: nämlich eine Stimmung, die in der Stimme mitklingt. Auch dafür wollen wir Kinder sensibilisieren. Gerade bei Kindern, die noch wenig Spracherfahrung haben, führen nicht selten falsche oder falsch verstandene Wörter und Töne zu Mißverständnissen und Streit. Doch genauso können uns eine freundliche Stimme und der Klang eines Wortes gut tun und uns froh stimmen.

Für ein Kind, das kein „Gespür" für Sprache entwickelt, bleiben Wörter und Texte farblos und leblos, ausdrucks- und gefühlsarm. Deshalb möchte dieses Kapitel Sie auffordern, Kinder sensibel zu machen für die Farben, Bilder, Klänge, Stimmungen, Bewegungen, die in unserer Sprache mitschwingen, und die Kinder erleben zu lassen, daß Wörter Sinne und Gefühle wecken.

# Ich seh' eine bunte Wiese
## Wörter können Bilder malen

Unsere Kinder sind ständig von bunten Bildern umgeben: unterwegs auf den Straßen, in den Städten, in der Wohnung, im Kindergarten, in der Schule, beim Betrachten von Büchern und Zeitschriften, bei Computer- und Videospielen, nicht zuletzt beim Fernsehen. Doch fragt man Kinder, welche Bilder sie sehen, wenn sie einer Geschichte lauschen, so kommt nicht selten die Antwort: „Ich sehe nichts. Ich sehe keine Bilder und keine Farben!" Dies mag einerseits daran liegen, daß Kinder Sprachinhalte oft nicht sinnlich erlernen. Andererseits aber kann auch die Bilderflut zur Folge haben, daß die Fähigkeit der Kinder, sich im Kopf eigene Bilder zu machen und eigene Vorstellungen zu entwickeln, schwindet. Doch wenn Sprache keine Bilder hervorruft, wird sie als farblos, leblos, oberflächlich empfunden. Deshalb möchten die folgenden Anregungen dazu beitragen, daß Kinder Sprache wieder farbig und bildhaft erleben, daß Wörter in ihren Köpfen Bilder wecken.

### Eine Malaktion: Wörter werden zu Bildern

Wörter können zu Bildern werden, im Kopf und auf dem Papier.

Setzt ein Kind einen Begriff in ein Bild um, ist es veranlaßt, sich seine Gedanken zu machen, den Begriff in Lebenszusammenhänge zu bringen und – zunächst im Kopf - nach eigenen Vorstellungen zu gestalten. So hat jedes Kind bei dem Wort Angst andere Vorstellungen: ein Kind bringt es mit Dunkelheit in Verbindung, ein anderes mit einem großen Hund oder mit einem bestimmten Film. Wenn ein Kind ein Wort malt, hat es die Möglichkeit, sich ganz individuell in Formen und Farben auszudrücken. Es kann das Malen auch als ein Gespräch mit sich selbst verstehen und erleben. Auf jeden Fall aber wird es eine besondere Beziehung zu dem Begriff entwickeln.

### Zur Einstimmung: Was siehst du, wenn ich Wiese sage?

In einem Gesprächskreis können Sie die Kinder in das Wörtermalen einstimmen: „Ich werde euch jetzt ein Wort sagen, nur ein einziges Wort. Wer möchte, kann seine Augen dabei schließen und in sich schauen, welche Bilder entstehen. Dann könnt ihr mir sagen, was euch zu dem Wort eingefallen ist. – Was siehst du, wenn du das Wort Wiese hörst?"

Geben Sie den Kindern Zeit und Ruhe. Wählen Sie zunächst Begriffe, die ihnen sehr vertraut sind und die aus ihrer Erlebniswelt stammen: Spielplatz, Wasser, Kinderzimmer, Straße, Haus, Ostern, Weihnachten ...

### Wir sind Wörtermaler: Auch Glück läßt sich malen

☀ Haben die Kinder die Gedankenübung gut verstanden, können sie einen bildhaften Begriff malen: Familie, Bauernhof, Feuer, Freunde ... Die Kinder dürfen die Farben frei wählen. Und selbstverständlich werden die Bilder ohne jede Kritik von außen, ohne Veränderungsvorschläge oder Eingriffe gemalt.

☀ Bei der zweiten oder dritten Malaktion können die Begriffe abstrakter sein: Freundschaft, Angst, Glück, Ruhe, Trauer, Bewegung, Wut, Freude, Fröhlichkeit ...

☀ Geben Sie dem Kind auch Gelegenheit, selbst ein Wort zu wählen, das es an diesem Tag malen möchte. Die Kinder können sich aber auch darauf einigen, daß eines ein Wort nennt und alle es malen.

Im Idealfall bieten wir den Kindern eine ruhige Ecke an, damit sie sich ganz auf ihre inneren Bilder konzentrieren, sich ihrer Stimmung hingeben und mit ausreichend viel Zeit ungestört malen können.

Während der Malaktion brauchen die Kinder nicht zu schweigen. Manche sprechen mit ihrem Bild oder teilen einem Freund, einer Freundin, einem vertrauten Erwachsenen gerne mit, was sie malen oder malen wollen.

Es gibt Kinder, die ihr Bild auch nach dem Malen kommentieren. Wie gut das Bild gelungen ist, entscheidet allein das Kind! Wer mag, kann sein Bild in den Gesprächskreis legen. Dabei wird deutlich, daß jedes Kind seine eigene Ausdrucksweise hat.

Auch hier macht Übung den Meister. Das heißt nicht, daß die Bilder „meisterhaft" sein sollten. Aber ein Kind muß sich erst ins „Wörtermalen" eindenken und einarbeiten. Schließlich verlangt dies Konzentration und bedeutet Anstrengung. Doch das Malen stärkt das Bewußtsein für die Bildhaftigkeit der Sprache und schenkt dem Kind Vertrauen zu sich selbst.

❋ Überlassen Sie es den Kindern, manche Begriffe auch allein in Farben auszudrücken. So mag Angst zu einem grau-schwarzen Bild anregen, Freude zu einem gelben, ohne daß dabei irgendwelche Formen erkennbar sind. Lassen Sie das Kind erzählen, was es gemalt hat: „Auf deinem Bild sehe ich strahlendes Gelb, hier ist es ein wenig blasser. Wenn du magst, kannst du mir etwas zu dem Bild erzählen ..."

❋ Kinder, denen das Wörtermalen Spaß macht, werden gerne auch gemeinsam eine große Papierbahn bemalen: Jedes Kind malt beispielsweise sein eigenes Bild zu dem Begriff Sommer: Ganze Jahreszeitenwände mit vielfältigen Impressionen mögen so entstehen.

## Wir malen Sätze und Szenen

Ebenso können Sie die Kinder anregen, kurze Sätze oder kleine Verse zu malen, auch Szenen aus einem Märchen oder ganze Geschichten. Wer mag, darf etwas zu seinem Bild erzählen.

*Krähengeschrei und Schnee und Eis,*
*draußen ist Winter, alles ist weiß.*

*Mitten im Karottenfeld*
*erfreut sich der Hase an der Welt.*

*Ich sitze hier, will träumen*
*von lachenden Fischen in hohen Bäumen.*

## Malreime

*Der Mond ist rund, der Mond ist rund,*
*er hat zwei Augen, Nas' und Mund.*

Malreime machen Kindern Spaß, doch sind sie nur wenigen bekannt. Rhythmisches Malen braucht Konzentration, Sprachverständnis, bildhaftes Vorstellungs- und Umsetzungsvermögen. Nicht zuletzt ist es eine gute Vorübung zum Schreiben.

So können Sie Malreime einführen: Sprechen und zeichnen Sie selbst mehrmals einen Reim. Ermutigen Sie die Kinder dann mitzumalen. Auf einem großen Papier können sie immer wieder den gleichen Reim malen, bis sie ihn auch selbst sprechen können.

*Dieser Kreis ist kullerrund,*
*Farbe macht ihn kunterbunt.*

*Ich schaukle hin und schaukle her,*
*das Schaukeln fällt mir gar nicht schwer.*

*Ich fahre auf der Achterbahn,*
*weil ich hier herrlich flitzen kann.*

# Schnell und langsam, rauf und runter
## Sprache hat Rhythmus und Bewegung

Sprache steckt voller Bewegung, allein schon durch den Rhythmus, den jedes Wort, jeder Satz hat, aber auch durch die Inhalte und Emotionen, die sie transportiert. Kniereiter und Fingerspiele oder Handpuppenspiele beweisen, wie gern Kinder Sprache in Verbindung mit Bewegung annehmen. Die Kinder genießen ihren Rhythmus und die Bewegungen, die den Inhalt unterstreichen. Was wäre der Hoppe-Reiter, der auf seinem Pferd dahingaloppiert und – bums – in den Dreck fällt, ohne Bewegung! Oder die beiden kleinen Wanderer Himpelchen und Pimpelchen! Und würden Handpuppenspieler die Figuren still halten oder den alten König zappelig hin und her springen lassen, wäre die Handlung für die Kinder nur schwer zu verfolgen.

Spielgedichte oder Spiellieder geben Kindern die Möglichkeit, den Rhythmus und die Bewegung der Sprache zu hören und zu spüren und auch selbst durch rhythmische Bewegung zu begleiten.

### Klatschspiele

Handklapp- oder Klatschspiele sind gut geeignet, um Kindern ein Gefühl für Sprachrhythmus zu vermitteln. Zur Einstimmung können Sie Lieder oder kleine Gedichte durch Patschen, Klatschen, Schnipsen begleiten.

*Ich und du, ich und du waren auch mal kleiner.*
*Aber dann, aber dann wuchsen wir doch größer.*
*Trallala-trallala, wuchsen wir doch größer.*

„Ich": mit beiden Händen auf die Schenkel patschen;
„und": in die Hände klatschen;
„du": mit den Fingern beider Hände schnipsen.
In immer der gleichen Reihenfolge geht es weiter. Bei „trallala-trallala" wird allerdings nur in die Hände geklatscht, dann ist wieder das Patschen an der Reihe.

Wenn Sie die Verse das zweite Mal vormachen, werden die Kinder unaufgefordert mit einsteigen.

Zum gleichen Text können die Kinder sich dann paarweise gegenüberstehen und nach dem Schnipsen noch mit beiden Händen auf die Hände des Partners klatschen. Das Klatschen fällt dabei auf eine Sprechpause.

*E-ne, me-ne, min-ke, pin-ke,*
*fa-de, ru-de, rol-ke, tol-ke.*
*Wig-gel, wag-gel, weg!*

Auch dieser kleine Nonsensvers läßt sich, wie zuvor beschrieben, zu zweit spielen. Für anderssprachige Kinder sind solche Verse genauso verrückt und unterhaltend wie für deutschsprachige.

Und natürlich kann man den Rhythmus ebenso anders gestalten: Man könnte sich mit verschränkten Armen auf die Schultern klopfen, hinter dem Rücken in die Hände klatschen oder abwechselnd mit den Füßen stampfen und dann mit beiden Füßen hochhüpfen ...

*Empampi koloni kolonastrik*
*empampi koloni*
*akalemi sofani*
*akalemi toff toff.*

Sie stellen sich einem Kind gegenüber, das Ihnen seine Handflächen entgegenhält, so daß Sie dagegenklatschen können. Klatschen Sie abwechselnd:

bei jeder ersten Silbe in die eigenen Hände,
bei jeder zweiten Silbe mit der rechten auf die linke Hand des Partners,
bei jeder dritten Silbe mit der linken Hand auf die rechte Hand des Partners,
bei jeder vierten Silbe und bei „toff toff" mit beiden Händen auf die Hände des Partners.

Wiederholen Sie das Spiel einige Male, dabei kann auch rechts und links von Ihnen je ein weiteres Pärchen Ihre Bewegungen nachspielen.

Wenn die Kinder in den Bewegungen sicherer sind, kann das Tempo gesteigert werden. Zuletzt gehen die Hände so schnell, das sie sich fast „verknoten" und das Spiel in fröhlichem Gelächter endet.

Regen Sie die Kinder an, sich andere Klatschmöglichkeiten oder andere Unsinnsverse und Unsinnslieder auszudenken.

## Fast wie ein Hampelmann: Aus Wörtern wird Bewegung

Um die Bewegung der Sprache zu erleben, sind wir nicht an Bewegungswörter wie tanzen, hüpfen, schleichen, springen gebunden. Jedes Wort, jeder Satz hat einen Rhythmus. Und eine Aussage wie „Juchhuuu, wir fahren an den Badesee!" weckt eine Stimmung, die Kinder gern in Bewegung umsetzen. Lassen wir Kinder spüren, daß Sprache lebt!

Auf einer Wiese oder in einem großen, freien Raum sucht sich jedes Kind einen Platz und setzt sich nieder. Beschreiben Sie Ihr Vorhaben mit ruhigen, leisen Worten: „Ihr kennt doch alle einen Hampelmann. Wenn er fröhlich ist, schwingt er seine Arme und Beine hoch in die Luft. Ist er müde, traurig oder nachdenklich, läßt er Arme und Beine herunterhängen und hält still. So ein Hampelmann dürft ihr heute mal sein. Doch ihr habt ja keinen Faden, an dem ich ziehen kann. Deshalb habe ich mir etwas anderes ausgedacht. Ich nehme ein Tamburin in die Hand, und solange es schweigt, bleibt ihr still auf eurem Platz. Beim ersten kräftigen Schlag horcht ihr aufmerksam, was ich sage. Es kann etwas Lustiges, Fröhliches, Trauriges, Spannendes sein. Und auf dem Tamburin schlage ich leise den Rhythmus. Hört gut zu und bewegt eure Arme und Beine, ganz wie es euch in den Sinn kommt. Hört ihr wieder einen kräftigen Schlag, sucht ihr euch einen Platz und paßt auf, was ich Neues zu sagen habe ..."

So können Sie den Kindern beispielsweise zurufen:

♪ „Heute ist das Wetter schön, heute gehn wir baden! – Hampelmänner bewegt euch!"

♪ „Es schneit, es schneit! Die Flocken fallen nieder."

♪ „Wir feiern bald ein großes Fest. Ich freue mich schon sehr!"

♪ „Ach, wie schade, ach, wie schade! Bald ist Schlafenszeit!"

♪ „Wo hab' ich nur, wo hab' ich nur mein Schlüssellein verloren?" – „Wie schön, da liegt der Schlüssel ja! Wie schön, da liegt der Schlüssel ja!"

♪ „Ob Oma uns wohl heut' besucht und Schokolade bringt?"

♪ „Leise, leise, damit uns niemand hier entdeckt."

♪ „Hallo, hallo! Komm zu mir her, wir tanzen!"

♪ „Heute geht's mir nicht so gut! Ich fühle mich so krank!"

♪ „Komm mal her. Ich verrate dir ein Geheimnis."

♪ „Ach, ich bin ja soooo müde. Aaaaaah."

Sie wiederholen jeden einzelnen Satz immer und immer wieder und schlagen auf dem Tamburin leise den Rhythmus, während die Kinder sich entprechend bewegen.

# Dreht euch und springt!
## Wir erwecken Wörter zum Leben

An jüngeren Kindern können wir beim Sprechen oft Bewegungen beobachten, besonders, wenn sie etwas freudig zu berichten haben: Sie hüpfen von einem Bein aufs andere, zeigen mit Händen und Armen, wie riesig etwas ist, klatschen vor Begeisterung oder lassen sich fröhlich auf den Boden fallen. Diese Kinder erleben ihre Sprache noch mit dem ganzen Körper und sind in ihrer Ausdrucksweise ähnlich lebhaft wie ein Säugling, der beim Anblick der Mutter vor Freude mit Armen und Beinen hampelt und strampelt. Auch manche Erwachsene erzählen mit Händen und Füßen und dem ganzen Körper, um Emotionen Nachdruck zu verleihen. Doch auch wer voller Einfühlsamkeit zuhört und sich mit Fantasie auf die Sprache einläßt, nimmt Bewegung und Rhythmus wahr, sieht Bilder, spürt Stimmungen – und verspürt Lust, sich selbst zu bewegen. Bieten wir den Kindern bildreiche und lebhafte Spielgedichte an. Regen wir sie an, zu lauschen, sich eigene Bilder im Kopf zu machen und mit dem ganzen Körper in bewegte Bilder und lebendige Szenen umzusetzen.

> **Das schönste Fest der Welt**
> *Pssst! Kommt leise her, ihr Mäuse, auf das große Feld.*
> *Heut' nacht, da woll'n wir tanzen*
> *beim schönsten Fest der Welt.*
> *Wir drehen uns im Kreise, wir hopsen und springen!*
> *Wir piepsen ganz leise, wir lachen und singen.*
> *Doch wenn die Sonne kommt, trippeln wir ins Nest,*
> *träumen von Musik und Tanz,*
> *vom schönsten Mäusefest. Pssssst ...*

### Was machen die Mäuse?

Die Kinder sind aufgefordert, sich das, was sie hören, bildhaft und lebendig vorzustellen, miteinander ins Gespräch zu kommen und Fantasie zu entwickeln, um die Szenen voller Bewegung umzusetzen:

Die Kinder sitzen im Kreis auf Stühlen und hören das Gedicht, bevor es dann heißt: „Wer hat Lust, die Wörter zum Leben zu erwecken und zu spielen?" Gemeinsam überlegen wir, wie das Spiel ablaufen könnte:
• Wo soll das Fest stattfinden? – Mitten im Stuhlkreis.
• Woher kommen die Mäuse? – Aus ihrem Mauseloch unter dem Stuhl.
• Wer beendet das Fest? – Ein Kind mit einem gelben Tuch steigt als Morgensonne auf einen Stuhl.
Sind die Rollen verteilt, die Mäuse mucksmäuschenstill in ihrem Mauseloch, trägt ein Erwachsener das Gedicht nochmals vor: je nach Inhalt mal leise und langsam, auch gedehnt, schnell und vergnüglich.
Spielen Sie das Gedicht immer wieder, beispielsweise ein bis zwei Wochen täglich, jeweils bevor die Kinder nach Hause gehen. Sprechen Sie jedesmal in möglichst ähnlicher Weise und im gleichen Rhythmus, damit sich den Kindern die Verbindung von Sprache, Klang, Rhythmus und Handlung einprägt. Die Kinder sollten das Leben und die Bewegung der Sprache wirklich entdecken, spüren und in Szenen umsetzen.

### Zauberworte zaubern Bewegung hervor

Ein Zauberer verwandelt die Kinder mal in dieses, mal in jenes Tier. Hier kommt es darauf an, daß die Kinder sich in ihren Köpfen Bilder von machen und dann in bewegte Szenen umsetzen: schleichen oder polternd herumrennen oder trippeln ... Stimmen Sie den Sprechrhythmus und die Betonung auf den Inhalt ab. Geben Sie keine genauen Bewegungsanleitungen, wiederholen Sie immer wieder Ihre Worte, und beobachten Sie, wer sich entsprechend bewegt. Loben Sie ein Kind, wird es in seiner Auffassung bestärkt, und Kinder nehmen es als Vorbild. Leiten Sie jedes Spiel mit einem kleinen Vers ein, und dann kann's losgehen.

Hokos pokus eins, zwei, drei,
ihr sollt meine Tiere sein.

Hokus pokus patzen,
ihr seid jetzt meine Katzen:
Leise schleichen Katzen
auf ihren weichen Tatzen.
Psssst, ganz leise, leise,
ganz nach Katzenweise.

Hokus pokus läuse,
ihr seid jetzt meine Mäuse:
Flink trippelt die Maus
zum Mausehaus heraus.
Trippel, trippel, trippel,
trippel, trippel, trippel.

Hokus pokus hopsdiwu,
jetzt bist du ein Känguruh.
Das Känguruh ruht sich nicht aus,
will aus sich selber wohl heraus.
Holt erst mal Schwung -
und hopst herum,
so hopst es Sprung auf Sprung.
Hopp-hopp, hopp-hump,
so springt es Sprung um Sprung.

Hokus pokus Hexenturm,
jeder ist ein kleiner Wurm.
Ein Wurm braucht weder Bein´ noch Füße,
er kringelt sich und ringelt sich,
ich schick' ihm viele Grüße.
Er kringelt sich und ringelt sich,
kringel, ringel, wurmelich.

Hokus pokus gaffen,
gleich seid ihr alle Affen.
Jeder Affe fröhlich springt,
jeder Affe froh nun singt,
fällt zu Boden, steht schnell auf,
rast dann los - nun lauft schon, lauft!

Nun faßt ein jeder an der Hand
´nen Affen, der mit ihm verwandt,
tanzt beschwingt mit ihm im Kreise,
ganz nach Tschutschu-Affenweise.
Lalalalalalala ...

Hokus pokus Affenlaus,
der Affentanz, der ist nun aus.
Steht still, steht still,
weil ich, der Zauberer, es will.
Aus ist´s mit der Zauberei,
wer Kind sein will, der ist nun frei.

Nach diesem Spiel kann der Zauberer ein Kind zum Zauberlehrling ernennen. Dessen Aufgabe ist es nun, die anderen zu verzaubern. Dabei wird das Kind Ihr Beispiel nachahmen, allerdings ohne zu reimen: „Hokus pokus eins, zwei, drei, alle Kinder sollen Vögel sein. Vögel fliegt. Flattert kräftig mit den Flügeln, fliegt hoch und runter." Ermuntern Sie das Kind, die Bewegungen genau zu beschreiben. Nach zwei Zauberstücken ernennt das Kind einen anderen Zauberlehrling.

# Ich höre, wie du klingst
## Stimmen sagen die Stimmung an

Unsere Stimme verrät, ob wir jemanden trösten, zurecht-weisen, ermutigen wollen. Dies hilft besonders kleinen Kindern, aber auch anderssprachigen Menschen, uns besser zu verstehen. Manchmal erkennen wir allein an der Stimme, was uns jemand sagen will. Und wenn wir aufmerksam sind, hören wir an der Stimme, wie seine Stimmung ist. Mitunter erleben wir es am Telefon: Der andere nennt bloß seinen Namen oder sagt ein paar Worte, und schon wissen wir, daß er schlechte Laune hat, daß er gut aufgelegt, traurig oder müde ist ...
Kinder für den Klang der Stimmen zu sensibilisieren, dies ist der Inhalt dieser Seiten.

### Wie kann Stimmung klingen?

𝄢 „Neulich hörte ich, wie eine Mutter zu ihrem Jungen sagte: ‚Du kommst jetzt zu mir.' – ‚Sei doch nicht so ärgerlich', antwortete das Kind. – Was glaubt Ihr, woran hat der Junge gemerkt, daß die Mutter verärgert war? ... Habt Ihr schon einmal gehört, daß die Stimme eurer Mama oder eures Papas fröhlich oder traurig klang?"
Lassen Sie den Kindern Zeit, über diese Fragen nachzu-denken, dann können die Kinder Beispiele bringen, um Stimmungen wiederzugeben.
𝄢 „Erzähle, was du dir von Mama, deinen Freunden oder Geschwistern wünschst, wenn du ganz traurig bist. Sollen sie dich kitzeln, bis du wieder lachst? Oder fragen, was dich so traurig macht, und dich trösten? Oder dich ganz allein und in Ruhe lassen?"
𝄢 „Was möchtest du am liebsten tun, wenn du fröhlich bist?" Gewiß bringen die Kinder hier Vorschläge wie sin-gen, hüpfen, laufen, tanzen. Greifen Sie einen Vorschlag heraus, und tanzen Sie zum Beispiel abschließend gemeinsam zu einer fröhlichen Musik.

### Welche Stimmung hörst du?

Auf einer Kassette haben Sie einige Sätze aufgenommen, die Sie selbst, oder jemand anders, mit deutlichem Gefühlsausdruck gesprochen haben. Beispielsweise:
𝄢 „Morgen machen wir einen Ausflug in den Zoo."
𝄢 „Nun können wir heute doch nicht ins Schwimmbad gehen, weil meine Mutter zuviel Arbeit hat."
𝄢 „Gestern haben wir am Straßenrand eine Katze liegen sehen. Ich glaube, sie war tot."
𝄢 „Gib mir sofort das Auto zurück, ich hatte es zuerst!"
𝄢 „Wenn du jetzt nicht sofort ins Haus kommst, wirst du ohne Abendessen ins Bett gehen!"
𝄢 „Wo warst du nur so lange! Warum hast du nicht ange-rufen, daß du so spät nach Hause kommst?"
𝄢 „Durch diese Straße gehe ich nicht mehr. Da wohnt ein großer Hund!"
Die Kinder äußern sich jedesmal, welche Stimmung sie heraushören. Sie sollen aber auch nachempfinden, wie man sich fühlt, wenn man so einen Satz zu hören bekommt.
Wer mag von ähnlichen Erlebnissen berichten?

### Gute Laune klingt in allen Sprachen gut

Wenn möglich, nehmen Sie solche Sätze auch in einer anderen Sprache auf – allerdings sollten die Stimmungen klar zu hören sein. Die Kinder sind jetzt noch mehr gefor-dert, auf den Klang der Stimme zu achten. Vielleicht kann auch ein Kind mit einer anderen Muttersprache einige Beispiele sagen.
Und warum nicht in einer Fantasie-Sprache sprechen und die Kinder raten lassen, was es wohl zu bedeuten hat?! Dafür können Sie zu Anfang ein Beispiel geben. So könn-ten Sie ganz enttäuscht und traurig sagen: „Tschabi, jada

it berra dilo ramizago. It wullimensto gang dito uf ala tete." Was soviel heißen mag wie: „Leider kann ich nicht in den Kindergarten kommen. Ich habe so starkes Kopfweh!" Oder Sie fragen zweifelnd: „Debora met ane desta? Gammi anne?" („Hat meine Mutter mich hier vergessen? Kommt sie noch?")

Es geht nicht darum, daß die Kinder die Bedeutung finden, sondern daß sie die Stimme deuten und eine Stimmung heraushören.

## Hallo! Wie geht´s dir?

Eine gespielte Unterhaltung am Telefon kann Kinder ebenfalls für Stimmungen sensibilisieren.

Die beiden Sprecher erhalten jeweils ein ausrangiertes Telefon. Sie sehen sich nicht. Das Gespräch beginnen Sie, indem Sie beim Kind „anläuten" und sagen: „Hallo! Hier ist Bärbel. Wie geht's?"

Das Kind antwortet, und Sie gehen auf seine Stimmung ein: „Du klingst richtig froh ..." Führen Sie das Gespräch weiter, aber immer so, daß Sie vom Kind mehr als nur eine Ja-Nein-Antwort erwarten: „Hast du heute nacht gut geschlafen, oder hast du wieder so schlecht geträumt? ... Was hast du heute nachmittag vor? ... Als ich dich gestern traf, sahst du ganz wütend aus. Was war denn los? Hat dich jemand geärgert? ..."

Nach diesem Gespräch können Sie ein anderes Kind auffordern, Sie anzurufen und nachzufragen, wie es geht. Übertreiben Sie ruhig, bringen Sie unterschiedliche Stimmungen ein, klingen Sie nicht nur traurig und fröhlich, auch ängstlich und neugierig.

Dieses Telefonspiel fordert die Kinder auf, Stimmungen zu hören und sich zu artikulieren.

## Ich bin mir sicher

An der Stimme können wir auch hören, ob ein Mensch unsicher und schüchtern oder selbstbewußt und sicher ist. Auch Kinder sind dazu in der Lage, wenn wir sie sensibilisieren. Am besten gelingt dies, wenn Sie Tonaufnahmen vorspielen, die Sie bei einem Hörspiel oder einem Fernsehfilm mitgeschnitten haben, oder wenn Sie selbst Sätze sicher beziehungsweise unsicher in ein Mikrofon sprechen und den Kindern präsentieren. Dazu eignen sich beispielsweise folgende Aussagen:

♪ „Nein, den Pullover ziehe ich nicht an! – Neee, der Pulli gefällt mir nicht so sehr. Ich möchte doch lieber einen anderen anziehen."

♪ „Das kann ich auch. Da mach' ich mit. – Ich weiß nicht, ob ich das kann. Ich glaube nicht."

♪ „Komm, laß uns eine Hütte bauen. – Was meinst du, sollten wir vielleicht eine Hütte bauen?"

Und nun sind die Kinder dran: Wer macht einen Vorschlag oder äußert eine Bitte oder sagt, was er mag und was er nicht mag? Wie klingt das Kind? Wie wirkt es auf die anderen?

Für ein Kind ist es wichtig, mit Bestimmtheit zu sagen, was es will und was nicht, und dies zugleich mit seinen Worten und seiner Stimme auszudrücken. Ebenso wertvoll aber ist es auch, anderen sensibel zuzuhören: Den Klang einer Stimme verstehen, heißt auch, den anderen besser verstehen, mehr Verständnis für ihn oder die Sache aufbringen.

# Komm mit auf die bunte Wiese
## Wörter schicken die Fantasie auf Reisen

Wenn wir eine Geschichte hören, können die Wörter und der Klang der Stimme in unserer Fantasie Bilder und Szenen, Farben und Gefühle wecken. Je nach Art der Geschichte werden bestimmte Gefühle wach. So sind Abenteuergeschichten aufregend und spannend, und bei manchen Kindern rufen sie Angst hervor. Lügengeschichten sind lustig und unterhaltend. Alte Märchen können eine gewisse Lebenshilfe bieten. Und Fantasiereisen bieten Kindern die Möglichkeit, inmitten aller Unruhe in der Fantasie auf Reisen zu gehen, alles um sich herum zu vergessen und ganz zu entspannen. Sie helfen, Kraft zu schöpfen für den Tag. Während einer Fantasiereise erzählen zwar nicht die Kinder, dennoch sind sie aktiv:

☾ Die Kinder lauschen Ihrer Stimme,

☾ sie lauschen den Worten und suchen nach passenden Bildern und Sinneswahrnehmungen,

☾ sie konzentrieren sich auf sich und ihre Gefühle,

☾ sie lernen, daß sie eine eigene Fantasiewelt haben,

☾ und nach der Fantasiereise sind sie gefordert, ihre Gefühle und Erlebnisse mit Worten zu beschreiben.

## Eine Fantasiereise

### Die Vorbereitung

☾ Sie benötigen einen Raum, in dem die Kinder ungestört sind. Die beste Entspannung finden sie, wenn sie auf einer Decke oder Matte liegen (zusätzlich auch auf einem kleinen persönlichen Kissen oder einer eigenen Schmusedecke). Die Kinder liegen flach auf dem Rücken. Arme und Beine sind locker ausgestreckt. Andernfalls können die Kinder im Kreis auf Stühlen sitzen, und zwar mit dem Po möglichst weit hinten, um Spannungen zu vermeiden. Beide Füße stehen auf dem Boden, die Arme liegen locker auf den Schenkeln oder daneben.

### Und dann beginnt die Reise

Ausgangspunkt einer jeden Reise ist eine „Fantasiewiese", auf der das Kind liegt. Ihre Stimme, Ihre innere Ruhe und Wortwahl sind entscheidend für einen guten Verlauf. Die Kinder werden auf jede Fantasiereise mit entspannenden Worten eingestimmt. Etwa folgendermaßen:

*„Jeder von euch sucht sich hier im Raum einen angenehmen Platz aus, auf dem er ungestört liegt. – Nimm dir Zeit, um auf diesem bequemen Platz auszuruhen – und mit auf die Reise zu gehen. Du kannst spüren, wie dein Körper die Decke (die Unterlage) berührt. Mach es dir hier ganz bequem, rücke deinen Körper zurecht, als ob du schlafen wolltest. Dein Kopf, dein Rücken, dein Po, deine Beine und Arme liegen locker und bequem auf der Decke. Du hörst meine Stimme, sie ist wie ein angenehmer Windhauch, der durch das hohe Gras einer bunten Wiese weht. Auf dieser Wiese liegst du."*

Hier machen Sie eine Sprechpause. Jedes Kind hat eine bequeme Haltung und sich auf Ihre Stimme und Ihre Worte eingestellt. Nun können Sie in ruhiger Weise mit der eigentlichen Fantasiereise beginnen.

*„Vielleicht kannst du das sanfte Hin und Her der Gräser und Blumen beobachten, die der Wind bewegt. Vielleicht spürst du den Windhauch auch auf deinen Wangen und in deinen Haaren. Wenn du tief und ruhig atmest, riechst du wahrscheinlich auch den Duft der Wiese. Du atmest aus und ein, aus und ein. Atme aus, und du hast das angenehme Gefühle ruhig und locker zu sein, ganz entspannt und ruhig. Nun ist alles ganz ruhig, aber vielleicht hörst du doch etwas: das Summen der Bienen, das Brummen der Hummeln, oder du hörst, wie der Wind den Blumen etwas zusäuselt."*

Sagen Sie etwa eine Minute lang gar nichts. Damit bieten Sie den Kindern die Möglichkeit, in ihren Gedanken zu ruhen und zu entspannen. Erst dann treten Sie langsam die „Rückreise" an.

*„Nun verweile noch einen Moment auf dieser Wiese. – Langsam wirst du zurückkehren und aus deinem Traum erwachen. – Während du aufwachst, fühlst du, wie du immer klarer und wacher wirst. – Du fühlst dich so, als hättest du dich wirklich gut erholt. Du kehrst von einer schönen, erfrischenden Reise zurück. – Wenn du ganz wach bist, werden auch die anderen Kinder nach und nach in Ruhe erwachen.*
*Du fühlst dich frisch und erholt, jetzt und für den Tag. Hallo! – War´s schön?"*

### Wie war´s?

Da jedes Kind die Fantasiereise anders erlebt, andere Gefühle empfindet, sollte sich auch jedes Kind danach äußern können. Fragen können dabei helfen: „Wie war es, so auf der Wiese zu liegen und zu träumen? – Wo wärt ihr gern länger geblieben? – Was habt ihr wahrgenommen? Konntet ihr etwas riechen oder spüren, Geräusche und Töne hören, Bilder sehen?"
Ein Gespräch hilft Kindern die Fantasiereise besser zu verarbeiten, die Geschichte und ihre Wirkung länger in Erinnerung zu behalten. Nicht zuletzt intensivieren die „Erlebnisberichte" das Gefühl der Entspannung.
Bieten Sie den Kindern auch die Möglichkeit, ihre Erfahrungen in Bildern auszudrücken, zu malen, was sie empfunden haben, was ihnen am besten gefallen hat ...

### Noch einige Hinweise

Beim Erzählen sollten Sie stets langsam und weich sprechen. Dies setzt natürlich voraus, daß Sie selbst ruhig und entspannt sind.

Auch Redepausen sind wichtig, sogar mitten in einem Satz. Sie helfen dem Kind, seine eigenen Bilder zu suchen und zu finden und sich zu entspannen.

Wählen Sie Wörter, die Freiräume lassen: „vielleicht" oder „möglicherweise"; oder Sie sagen: „Ich bin neugierig, ob auch du den Duft der Blumen in deiner Nase spürst"... Benutzen Sie Wendungen wie „du wirst bemerken ... erkennen ... wahrnehmen ...", damit geben Sie dem Kind die Möglichkeit, seine eigenen Bilder intensiver zu erleben.

Wenn den Kindern und auch Ihnen die Fantasiereisen Freude bereiten, dann machen sie daraus einen festen Bestandteil der Woche.

Fantasiereisen, die den Kindern gut gefallen, können Sie mehrmals wiederholen. Die Kinder lassen sich dann meist schneller und leichter auf die Entspannung ein.

### Der Stoff, aus dem Fantasiereisen sind

Fantasiereisen finden Sie in Büchern. Doch können Sie auch eigene erfinden. Dabei sollten Sie von der Erlebnis- und Fantasiewelt der Kinder ausgehen:

Die Kinder selbst können gute Anregungen liefern: ob sie ans Meer reisen oder einen Wolkenflug machen möchten oder gar bis hin zu den Sternen wollen.

Viele Kinder hegen irgendwelche Ängste oder sind mutlos. Erzählen Sie eine Geschichte, in der ein kleiner Angsthase seine Angst besiegt, indem er einen Kieselstein bei sich trägt, der ihm Kraft verleiht. Oder erzählen Sie von einem Sonnenstrahl, der Kindern, wann immer es nötig ist, Kraft und Wärme verleiht.

Auch eine Wanderung, die Sie gemeinsam unternommen haben, kann Stoff für eine Fantasiereise liefern. Gehen Sie in Gedanken noch einmal ganz langsam den Weg, und lassen Sie sich vom Zauber der Natur inspirieren: dem Duft, den Klängen, den Farben. Dabei bleibt viel Raum für Fantasie, etwa für kleine Elfen oder Zwerge.

# Komm, wir lassen Wörter fliegen

## Wir machen aus Wörtern Gespräche und Geschichten

*„Hallo!"*
*„Hallo!"*
*„Kommst du mit?"*
*„Wohin?"*
*„Ins Land der fliegenden Wörter?"*
*„Wo gibt´s das denn?"*
*„Da, wo wir beide zusammen sind."*
*„Wir beide?"*
*„Ja, du, die Fantasie, und ich, der Wortschatz."*
*„Da mach' ich mit. Wann geht´s los?"*
*„Jetzt gleich. Gleich jetzt."*
*„Fantastisch!!!"*

Ein kurzes Gespräch, das ich aufschnappte, als ich halb schlummernd im Schaukelstuhl saß ...
Ein Gespräch, das nur aus ein paar Worten besteht und doch schon fast eine kleine Geschichte erzählt: Kinder lieben Geschichten dieser Art, denn sie wecken ihre Fantasie und führen sie in eine neue Welt.
Dieses Kapitel will die Kinder und Sie ermuntern, mehr miteinander zu reden, sich mitzuteilen, Gespräche und Geschichten zu „spinnen", die Sprache als Schatz zu betrachten und sich der Macht der Wörter bewußt zu werden.
„Hallo! Wie geht´s?" Ein paar Worte nur, und doch verbinden sie uns mit dem anderen. Sie mögen der Anfang eines Gesprächs sein – oder auch nicht.
„Schön, daß du da bist!" – Worte können Menschen einander nahebringen und Freundschaften aufbauen.

Worte können Vertrauen oder Mißtrauen wecken. Worte können verletzen: „Geh, ich will dich nicht mehr sehen!" – „Guck nicht so blöd!" – „Laß mich in Ruhe!"
Worte können andere verstummen lassen: „Frag nicht so dumm." – „Das geht dich nichts an!"
Worte können aber auch versöhnen: „Es tut mir leid." – „Laß uns wieder gut sein."
Worte können Kindern Vertrauen ins Leben nehmen. Doch Worte können sie auch ermutigen und ihnen Selbstbewußtsein geben: „Das machst du gut!" – „Probier´s noch einmal. Vielleicht klappt´s dann." – „Ich bin mir sicher: du kannst Geschichten erfinden!"
Worte können trösten oder wehtun, ja sogar über Krieg und Frieden entscheiden.
Worte können auffordern und Ideen zu Taten werden lassen.
Worte können unterhalten, von Abenteuern und Erlebnissen berichten, Geschichten und Märchen erzählen. Sie können die Fantasie beflügeln, Gedanken, die in unserem Kopf sind, ein Kleid geben und zum Leben erwecken ... da ist es erlaubt, daß Tische fliegen und Tiere unsere Sprache sprechen und daß Kinder stärker sind als Erwachsene ...
Ein Wort ergibt das andere: aus Wörtern können Gespräche werden – oder Geschichten. Geschichten können Gespräche anregen, und Gespräche können uns zu Geschichten inspirieren. Dies wollen wir nun gemeinsam erleben ...

# Und wer bist du?
## Aus Wörtern werden Gespräche

Es gibt Kinder, die leicht mit anderen ins Gespräch kommen und schnell Bekanntschaft schließen. Doch vielen Kindern fällt es auch schwer, Kontakt aufzunehmen. Gerade ihnen können Spiele, die zum Gespräch auffordern, eine wertvolle Hilfe sein. Gleiches gilt für die Kinder, deren Wortschatz und Gesprächsbereitschaft gefördert werden sollen. Denn wortgewandte und gesprächsbereite Kinder sind selbstbewußte Kinder.

### Verstehst du mich?

Bevor wir über Gespräche ins Gespräch kommen, verdeutlichen wir den Kindern, wieviel leichter die Verständigung ist, wenn man mit anderen sprechen kann. So könnte jedes Kind beauftragt werden, einem anderen ohne Worte eine Frage zu stellen:

- „Willst du mit mir spielen gehn?"
- „Teilst du heute dein Brot mit mir?"
- „Gehst du mit mir auf die Wippe?"
- „Fürchtest du dich auch vor bissigen Hunden?"
- „Ißt du auch so gerne Spaghetti?"
- „Schaust du auch so gerne ein Bilderbuch an?"
- „Möchtest du mein Freund sein?"
- „Möchtest du heute bei mir übernachten?"

Das Kind, dem die Frage gestellt wird, versucht diese dann mit Worten wiederzugeben; so wissen wir, ob sie verstanden wurde oder nicht.
Gleich im Anschluß stellt jedes Kind, das eine Frage pantomimisch formuliert hat, eine Frage mit Worten. Welchen Unterschied hat es empfunden? Was war leichter? Warum? Welche Gefühle kamen auf? War das Kind unsicher, ob es verstanden wurde? Fühlte es sich gar hilflos? Gehen Sie auch auf die Situation von Ausländern ein, denen im Alltag oft Worte fehlen, um sich verständlich zu machen. Wie mögen sie sich dabei fühlen? Wie fühlen wir uns im Ausland?

### Ich hätte gern ...

Bauen Sie mit den Kindern einen Einkaufsstand auf, der eine große Auswahl verschiedenster Sachen bietet, so neben Spielzeug auch Knöpfe, Schreib-, Bastel- und Malmaterialien, Obst und Werkzeuge. Ein Kind spielt den Verkäufer, ein anderes einen sprachlosen Käufer. Sie, hier im Spiel als Mutter oder Vater, beauftragen das Kind, bestimmte Dinge einzukaufen: fünf große, rote Knöpfe und fünf kleine, schwarze Knöpfe; einen Bleistift mit Radiergummi; eine Handvoll Rosinen ...
Ältere Kinder können Sie beauftragen, etwas, was es gerade nicht zu kaufen gibt, zu bestellen ...
Wenn die Rollen getauscht werden, hat jedes Kind die Gelegenheit, einmal Verkäufer oder Käufer oder auch Mutter oder Vater zu sein.
Im Anschluß sprechen Sie mit den Kindern darüber, wie sie sich in ihrer Rolle gefühlt haben.

### Wir kommen ins Gespräch

Sie sitzen mit den Kindern im Kreis und beginnen das Gespräch: „Wer schon einmal in einem Land mit einer anderen Sprache Ferien gemacht hat und die Sprache nicht kennt, weiß, wie schwer es ist, mit anderen zu reden. Warum ist es denn so wichtig, mit anderen sprechen zu können? Warum ist es gut, daß du mit deiner Mutter, deinem Freund, dem Verkäufer oder mit mir sprechen kannst? Überlegt einmal. Wer das Knotentuch auffängt, gibt mir eine Antwort ..."
Die Antworten können vielfältig sein: Wir können Wünsche sagen ... Träume erzählen ... Wenn etwas unangenehm ist oder uns nicht gefällt, können wir es sagen, ohne gleich zu treten, zu schlagen, zu beißen ... Man kann andere trösten. Oder Mut machen ... Man kann Fragen und Probleme klären ... Man kann beim Erzählen kuscheln (also Nähe spüren) ... Wir können andere kennenlernen ...

## Wer bist du?

Gespräche bieten uns die Möglichkeit, einander näher kennenzulernen.

Mit Hilfe von Kordeln werden zunächst Paare bestimmt: Die Spielteilnehmer bilden einen Kreis. In der Mitte liegen lange Schnüre, die diagonal von der einen Seite zur anderen reichen. Es sind halb so viele Kordeln wie Spieler vorhanden. Ein Erwachsener hält die Schnüre so in der Mitte zusammen, daß niemand erkennen kann, wie sie verlaufen. Nun nehmen die Teilnehmer jeweils ein Schnurende in die Hand. Die Spieler mit derselben Schnur bilden ein Paar und suchen sich einen Platz zum gemeinsamen Plausch.

Aufgabe jedes Kindes ist es, über den anderen soviel zu erfahren, daß es ihn später vorstellen kann. Dazu überlegen Sie am besten zuvor gemeinsam, was gefragt werden könnte:

„Was spielst du am liebsten?"

„Was gefällt dir im Kindergarten (in der Schule) besonders gut. Und was gar nicht?"

„Bist du gerne alleine? Warum? Warum nicht?"

„Was kannst du besonders gut?"

„Hast du einen Freund oder eine Freundin?"

„Was wünschst du dir von deinen Eltern, von deinem Freund, von mir?"

„Wie wünschst du dir dein Kinderzimmer oder den Spielplatz?"

Hier kommt es vor allem darauf an, daß sich die beiden Kinder unterhalten, und nicht, daß jedes möglichst viel zu berichten weiß.

Auch sollten Fragen vermieden werden, deren Antwort das Kind vor den anderen bloßstellt, so zum Beispiel: „Schläfst du nachts noch bei deinen Eltern?" – „Machst du manchmal noch in die Hose?"

Wenn Sie gemeinsam die Fragen auswählen, können Sie dies ansprechen. „Es gibt auch Fragen, auf die ein Kind nicht gerne antwortet, weil es ein unangenehmes Gefühl dabei hat oder die Antwort geheim bleiben soll. Wenn jemand antwortet: ‚Das möchte ich nicht sagen', dann drängt ihn nicht."

## Stimmt doch gar nicht! Oder doch?

Ins Gespräch kommt ein ganzer Kreis von Kindern, wenn eine Behauptung aufgestellt wird und jedes Kind dazu Stellung nehmen soll. Hier einige Beispiele:

„Manche Leute behaupten,

daß im Kindergarten nur gespielt wird. Stimmt das?

daß man mit Holzbauklötzen nur Türme bauen kann ...

daß Kinder keine Ideen haben ...

daß Ausländer laut sind ...

daß Manuel und Tim immer streiten ...

daß Mädchen nur mit Puppen spielen ...

daß Väter immer das Geld verdienen ..."

Die Kinder werden hier nicht nur zum Gespräch angeregt, sondern auch aufgefordert, kritisch über Behauptungen nachzudenken, zu argumentieren und Fantasie zu entwickeln.

# Ich mag dich
## Wörter helfen uns, Freundschaft zu spüren

Freundschaften werden zwar mit dem Herzen geschlossen, jedoch haben Worte auch hier eine große Bedeutung. Freundschaften unter Kindern entstehen oft beim Spielen: „Möchtest du mitspielen?"– „Was machst du da? Sieht ja toll aus." – „Soll ich den kleinen Bruder spielen?" Doch immer aus dem Gefühl, „sich verstanden zu fühlen", sich austauschen zu können.

In Freundschaften finden Kinder Trost, wenn sie traurig sind, und Worte, die sie ermutigen. Sie finden gleiche Interessen, die sie stärken und froh stimmen. Freundschaft kann auch ein Lernfeld sein, auf dem sie den Weg des Friedens erproben: sie streiten und vertragen sich und helfen einander. Freundschaft ist der Ort, an dem sie ihre Gefühle zeigen können, wo Herzlichkeit, Geheimnisse und Vertrauen ihren Platz haben; wo sie glücklich sind.

Gemeinsam mit den Kindern wollen wir darüber nachdenken, was Freundschaft bedeutet und warum das Sprechen und das Verstehen dabei so wichtig sind.

### Freundschaft

*Ich spiel' gern mit dir,*
*du spielst gern mit mir.*
*Wenn ich dir was erzähle, hörst du zu.*
*Dann bist du ganz ruhig, ja, das bist du.*
*Und wenn du sprichst, dann bin ich still,*
*weil ich dich ja verstehen will.*
*Oft spielen wir Fangen und Verstecken,*
*kriechen in unserer Höhle unter Decken,*
*wir flüstern uns Geheimnisse zu,*
*ja, das sind wir: ich und du.*
*Mit dir kann ich die schönsten Sachen*
*heute, morgen und immer machen.*
*Dein Freund zu sein ist einfach schön.*
*Ich freu´ mich auf morgen, aufs Wiedersehn.*

### Sag mir, was Freundschaft ist?

Mit diesem Gedicht können Sie ein Gespräch über Freundschaften anregen. Fragen Sie die Kinder, was für sie Freundschaft bedeutet. Warum sie von einem bestimmten Menschen sagen: du bist mein Freund. Und wie Freundschaft entstehen kann.

„Wie hast du deinen Freund gefunden? Hast du ihn angesprochen? Oder er dich?"

„Hilft uns die Sprache, Freundschaft zu schließen?"

„Sprichst du viel mit deinem Freund, oder bist du lieber still?"

„Was würdest du deinem Freund, deiner Freundin erzählen, aber nicht deiner Mama, deinem Papa?"

Lassen Sie Freundschaft malen oder in Szene setzen. Vielleicht können auch zwei Kinder vorspielen, wie sie sich kennengelernt haben und Freunde wurden.

### Das bist du

Für jedes Kind liegt ein großer Bogen Papier bereit, so groß, daß es ausgestreckt darauf Platz findet. Nun sucht sich jeder einen Freund oder eine Freundin. Die beiden zeichnen sich gegenseitig in Lebensgröße auf das Papier: Dazu legt sich ein Kind hin, während das andere mit einem dicken Stift den Körperumriß zeichnet. Dann malt jedes Kind das Bild des anderen mit Farbe aus.

Später werden alle Bilder aufgehängt. Jeweils der Freund, die Freundin des abgebildeten Kindes soll nun erzählen, warum es gerade mit diesem Kind Freundschaft geschlossen hat; was es besonders an ihm schätzt und was es sich von ihm wünscht.

„Das ist Isabell. Sie ist meine Freundin, weil sie jeden Morgen mit mir in den Kindergarten geht ... Ganz besonders gern mag ich an ihr, daß sie viele gute Ideen hat, was wir spielen können, und daß sie zu Hause mit mir ihre Spielsachen teilt ... Ich wünsche mir von ihr, daß sie einmal bei mir übernachtet, weil ich dann auch am Abend noch mit ihr spielen kann und nicht so allein bin ..."

> ### Wie fing es an?
> *Wie fing es an?*
> *Wer ist schuld daran?*
> *Du oder ich oder das böse Wort?*
> *Aber bitte, geh nicht fort!*
> *Willst du die Marke aus Portugal*
> *oder lieber den blauen Ball?*
>
> *Laß mich nicht allein!*
> *Ich geb´ dir auch den Stein,*
> *den Zauberkasten*
> *oder die goldenen Quasten,*
> *sogar meinen Indianerhut,*
> *aber bitte, sei wieder gut.*
>
> *Max Bolliger*

## Ein Wort kann Freundschaften zerbrechen

Das Gedicht von Max Bolliger fordert auf, auch über Streit und zerbrochene Freundschaften zu sprechen:

🦋 „Was könnte das wohl für ein Wort gewesen sein?"

🦋 „Hast du schon einmal erlebt, daß dir jemand ein böses Wort gesagt hat?"

🦋 „Sind Worte so wichtig?"

🦋 „Was würdest du tun, wenn dein Freund, deine Freundin nicht mehr mit dir spielen will oder dich nicht mehr leiden mag?"

🦋 „Wie löst du einen Streit mit deinem Freund?"

🦋 „Was würdest du tun, wenn du dich wieder versöhnen willst? Was würdest du sagen?"

🦋 „Was würdest du deinem Freund schenken?"

🦋 „Gibt es nur Freundschaften zwischen Kindern? Kann ein Kind auch einen erwachsenen Freund haben?"

🦋 „Kann man auch mehrere Freunde haben?"

🦋 „Warum ist es gut, einen Freund, eine Freundin zu haben?"

## Schön, daß du da bist: Ein kleines Singspiel

In dem kleinen Singspiel (nach der Melodie „Kuckuck, Kuckuck, ruft´s aus dem Wald") können wir durch Sprache, Klang und Bewegung Freude und Freundschaft ausdrücken: Es geht um die Freude, wenn man einen Freund, eine Freundin wiedersieht, und darum, diese Freude zu zeigen. Zwei Kinder stehen einander gegenüber und singen das Lied. Bei der ersten Strophe umarmen sie sich. Auch bei den nächsten Zeilen bewegen sie sich dem Text entsprechend. Wer nicht mitmacht, begleitet das Singspiel mit Klatschen oder Fingerschnipsen.

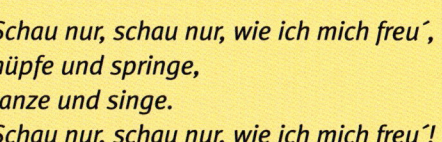

> ### Schön, daß du da bist
> *Hallo, hallo. Ich freu´ mich sehr!*
> *Schön, daß du da bist*
> *und mir ganz nah bist.*
> *Hallo, hallo. Ich freu´ mich sehr!*
>
> *Schau nur, schau nur, wie ich mich freu´,*
> *hüpfe und springe,*
> *tanze und singe.*
> *Schau nur, schau nur, wie ich mich freu´!*
>
> *Dreh dich, dreh dich mit mir im Kreis.*
> *Lachst du vor Freude,*
> *lachen wir beide.*
> *Dreh dich, dreh dich mit mir im Kreis.*
>
> *Hallo, hallo. Ich freu´ mich sehr!*
> *Schön, daß du da bist*
> *und mir ganz nah bist.*
> *Hallo, hallo. Ich freu´ mich sehr!*

# Nimm Wörter und viel Fantasie
## Wir lassen aus Wörtern Geschichten werden

„Auf einer kleinen weißen Wolke ...“ Ein paar Worte nur, aber schon haben wir das Gefühl, hier beginnt eine Geschichte. So einfach ist das, wenn man etwas Fantasie besitzt. Um Kinder anzuregen, ihrer Fantasie freien Lauf zu lassen und Geschichten zu erfinden, gibt es verschiedene Möglichkeiten. Bildergeschichten sind besonders für Kinder geeignet, die unerfahren im Geschichten-Erfinden sind. Das Kind betrachtet Bilder und erzählt dazu frei eine Handlung. Die Bilder sind sozusagen eine erste Stütze. Und natürlich lassen sich Geschichten nicht nur erzählen, sondern auch spielen und malen.

### Geschichten mit offenem Ende

Geschichten zu erfinden fällt Kindern leichter, wenn wir ihnen den Anfang erzählen. Nehmen Sie eine Geschichte aus einem Buch, die Sie unterbrechen, oder erfinden Sie einen Anfang. Dazu wählen Sie eine Hauptfigur, ein Tier oder menschliches Wesen, deren Charakter oder Stimmung Sie kurz beschreiben. Und Sie sagen etwas über die Umgebung. So können vor dem inneren Auge des Kindes die ersten Bilder entstehen. Wechseln Sie den Handlungsort, lassen Sie neue Figuren oder ein Problem, das die Hauptperson zu lösen hat, auftauchen. Die Zuhörer sollen dann weitererzählen. Finden die Kinder keinen Schluß, erfinden Sie einen oder lassen die Geschichte am nächsten Tag wiederholen und zu Ende führen. Den Schluß können auch mehrere Kinder erzählen. – Hier nun ein Beispiel:

*Ganz in unserer Nähe lebten vor vielen Jahren zwölf schwarze Katzen auf dem Bauernhof eines alten Mannes. Er war mit den Katzen so vertraut, daß er sich mit ihnen unterhalten konnte und verstand, was sie ihm sagten.*

*Eines Nachts erwachte der Bauer. Ein fürchterliches Katzenspektakel war zu hören. Alle zwölf Katzen schrien durcheinander. Dennoch verstand sie der Bauer: „Der Fuchs ist da! Der Fuchs ist da! Der Fuchs ist da!“ Schnell sprang der Bauer aus seinem Bett, denn er fürchtete, der Fuchs könnte eine seiner Katzen fortschleppen. Doch als er in den Hof kam, sah er zu seinem Erstaunen, daß elf seiner Katzen vergnügt einen Kreis um den Fuchs gebildet hatten und die zwölfte fröhlich mit dem Fuchs tanzte. Auf zwei Beinen! Am nächsten Morgen erzählten die Katzen dem Bauern, wie es zu dem nächtlichen Vergnügen gekommen war. Was, glaubt ihr, haben sie erzählt?*

### Knotentuch-Geschichten

Hier geht es darum, sich gemeinsam Stück für Stück eine Geschichte auszudenken. Dabei ist die Fantasie stärker gefordert. Die Kinder versammeln sich im Kreis. Zeigen Sie ihnen ein Tuch mit einem dicken Doppelknoten:

„Das ist mein Geschichten-Knotentuch. In diesem Tuch steckt eine Geschichte; und damit nicht alles ganz durcheinander herausfällt und wir nur fqulligrrrr pfi duliwag korivor beldo dat verstehen, ist ein dicker Knoten darauf. Wer dieses Tuch in seinen Händen hält und ein klein wenig den Knoten lockert, kann uns ein Stück dieser Geschichte erzählen. Das Geschichtentuch fliegt von einem Kind zum anderen. Wer das Tuch hat, erzählt die Geschichte weiter. Ist der Knoten dann ganz gelöst und liegt das Tuch ausgebreitet in unserer Mitte, erzählt es uns das Ende der Geschichte. Wollt ihr hören, wie die Geschichte beginnt?

In einem Haus, das am Fuße eines hohen Berges stand, wohnte ein kleines Männchen. Es lebte hier glücklich, doch ganz allein. Nein, so ganz allein war das Männchen eigentlich gar nicht, denn gleich hinter seinem Haus war ein kleiner Wald ...“

Mit dem Tuch in der Hand fühlen sich Kinder oft gestärkt und ermutigt. Möchte ein Kind trotzdem nichts sagen, darf es das Tuch einem anderen zuwerfen.

Ob diese Geschichte lang oder kurz ist, bestimmen allein die Kinder beziehungsweise der Knoten, denn sobald er gelöst ist, wird das Tuch ausgebreitet und Sie erzählen den Schluß der Geschichte, der noch im Tuch steckt. So könnte unsere Geschichte enden:

„Noch bevor die Sonne unterging, kam das Männchen mit seinem neuen Freund wieder nach Hause. Nun war es nicht mehr allein, und sie lebten fröhlich in dem kleinen Haus, am Fuß des großen Berges.“

## Stell-dir-vor-was-wäre-wenn-Geschichten

Hier geht es ganz und gar fantastisch zu: Auch Unmögliches ist möglich. Teilen Sie den Kindern mit, daß Sie ins Land der Fantasie reisen wollen. „Wer mit mir kommen

möchte, nimmt sich bitte ein bequemes Kissen oder einen Teppichflicken.“ Gehen Sie in eine ruhige Ecke und setzen Sie sich im Kreis nieder. Dann beginnen Sie:
„Es ist schön, in Gedanken zu verreisen und sich etwas auszudenken.

Manchmal stell´ ich mir was vor, irgendwas, was Lustiges, Komisches – nur so zum Spaß!“

Nun bringen Sie einen Gedanken, den Sie und die Kinder weiterspinnen – bis Sie das Gefühl haben, Sie sind wieder auf Ihrem Boden gelandet.

🌙 „Stell dir vor, du hättest ein Bett, das sich, wenn alle längst schlafen, in einen Dampfer verwandelt ...“

🌙 „du hättest einen Zauberkasten. Eines Tages wünschst du dir, so klein wie eine Ameise zu sein ...“

🌙 „du hättest einen Elefantenrüssel ...“

🌙 „du hättest ein Pferd. Dieses Pferd kann fliegen ....“

🌙 „unser Sandkasten wäre ein Seifenschaummeer ...“

🌙 „du würdest in einer Seifenblase schweben ...“

🌙 „du hättest alle Kinder in Tiere verwandelt. Deine Freundin in ...“

🌙 „unser Haus wäre aus Schokolade, die Möbel aus Brotteig, deine Spielsachen wären aus Glas und deine Kleider aus Gummi ...“

... „Laßt uns erzählen, was dann wäre ...“

Sie können einem einzelnen Kind eine Frage stellen oder einer ganzen Gruppe, und die Kinder antworten dann nacheinander. Oder Sie drehen eine Flasche auf dem Boden. Das Kind, zu dem der Flaschenhals zeigt, führt die fantastischen Gedanken weiter ... Danach denkt sich dieses Kind eine komische Vorstellung aus und dreht die Flasche ...

# Und dann fängt alles von vorne an
## Wir machen Geschichten ohne Ende

Wer soviel Freude am Geschichtenerfinden hat, daß er gar nicht mehr aufhören will, der denkt sich am besten Geschichten aus, die nie enden, die sich wie ein buntes Rad immer weiterdrehen.

Hier finden Sie Geschichten ohne Ende für junge Zuhörer, die bestimmt so viel Spaß daran haben, daß sie bald selbst beginnen, endlos lange Geschichten zu erzählen.

### Zur Einstimmung

Eröffnen Sie den Erzählkreis mit einem Geschichten-Knotentuch: „Hier habe ich euch wieder mein Geschichtentuch mitgebracht. Ich knote es auf, lege es glatt in die Mitte, und schon beginnt es zu erzählen ..." Nun erzählen Sie eine Endlos-Geschichte, vier, fünf Mal und mehr. Unaufgefordert werden die Kinder dann mitsprechen. Wenn Sie die Geschichte einige Male gemeinsam erzählt haben, falten Sie das Tuch zusammen, und die Geschichte ist zu Ende.

### Die sieben Söhne

*Es war einmal ein Mann, der hatte sieben Söhne. Und die sieben Söhne sprachen: Vater, erzähl uns doch eine Geschichte! Da fing der Vater an: Es war einmal ein Mann, der hatte sieben Söhne. Und die sieben Söhne sprachen: Vater, erzähl uns doch eine Geschichte! Da fing der Vater an: ...*

### 23 kleine Mäuse

*Es war einmal ein Käseladen, in dem tummelten sich des Nachts 23 kleine Mäuse. Eines Tages schlich eine Maus hinauf in die Wohnung des Käseverkäufers. Da kam die Katze, packte sie und sprach: Sag mir, wo kommst du her? Die Maus antwortete: Es war einmal ein Käse-laden, in dem tummelten sich des Nachts ...*

### Der Brief

*Heute kam ein Brief von dir. Ich las den Brief und war erstaunt, denn da stand geschrieben: Heute kam ein Brief von dir. Ich las den Brief und war erstaunt, denn ...*

### Wenn Fliegen Fliegen

*Zehn Fliegen flogen um ein Plakat, und auf dem Plakat, da stand geschrieben: Zehn Fliegen flogen um ein Plakat, und auf dem Plakat, da stand geschrieben: ...*

### Das Haus im Garten
*In einem Garten steht ein Haus.
In dem Haus gibt es ein Zimmer.
In dem Zimmer steht ein Tisch.
In dem Tisch ist eine Schublade.
In der Schublade liegt ein Brief.
In dem Brief, da steht geschrieben:
In einem Garten steht ein Haus.
In dem Haus ...*

### Reich mir die Hand und schließ den Kreis

Bevor Kinder sich selbst kurze Geschichten ohne Ende ausdenken können, müssen sie das Prinzip verstehen, also daß die Geschichte an einer bestimmten Stelle immer wieder mit den gleichen Worten beginnt. Helfen wir den Kindern, dies ganz direkt durch Anfassen zu begreifen – zum Beispiel mit der kleinen endlosen Geschichte „Das Haus im Garten": Ein Kind spricht den ersten Satz, das zweite Kind den nächsten Satz und gibt dem ersten Kind die Hand. Das dritte Kind spricht den dritten Satz und hängt sich ans zweite Kind an. Wenn das sechste Kind sagt: „In dem Brief da steht geschrieben ...", ist wieder das erste Kind an der Reihe und schließt den Kreis. Und die Geschichte beginnt von vorn.

## Der blaue Hase

*Ich traf mal einen blauen Hasen,*
*der konnte schreiben und auch lesen.*
*Am liebsten schwamm er auf dem Rasen,*
*das ist tatsächlich so gewesen.*
*Zum Laufen zog er Rollschuh' an,*
*flitzte durch Hecken und Zäune,*
*und auf der Wiese fuhr er Kahn.*
*Hier träumte er die schönsten Träume:*
*von bunten Eiern, Seifenblasen*
*und von einem blauen Hasen,*
*der konnte schreiben und auch lesen ...*

## Das Fröhliche Haus

*„Alles fängt von vorne an",*
*grölte laut Jan Mullejan.*
*„Alles hat auch mal ein Ende",*
*rief die Nachbarin Frau Wende.*
*„Aller guten Ding´ sind drei",*
*krächzte laut ihr Papagei.*
*Die fünf Kinder von Frau Schmitz*
*brüllten laut: „Was für ein Witz!"*
*Paul, der jetzt nach Hause kam,*
*war vom Schaffen müd´ und lahm,*
*schaltete sein Radio ein,*
*denn er war nicht gern allein.*
*Laut ertönte hier ein Gong,*
*und dann kam der neue Song:*
*„Alles fängt von vorne an",*
*grölte laut Jan Mullejan ...*

## Wir spielen ohne Ende

Ist den Kindern die Geschichte des fröhlichen Hauses erst einmal bekannt, können sie ihr einen tönenden Hintergrund geben: „Wer kann auch so grölen wie Herr Mullejan, so laut rufen wie Frau Wende, krächzen wie ein Papagei, brüllen wie die fünf Kinder von Frau Schmitz ...?" Einige Kinder erzählen dann die Geschichte, die anderen untermalen sie gemeinsam oder mit verteilten Rollen: sie grölen, rufen „Ende, Ende", krächzen, brüllen „Witz", trampeln, stöhnen, sagen „klick" und „nein, nein", rufen „gonnng", sprechen im Singsang.

## Jetzt machen wir Geschichten

Die beste Motivation für Kinder, selbst Endlos-Geschichten zu erfinden, ist es, wenn Sie ihnen immer wieder Beispiele bieten. Fordern Sie die Kinder dann auf, sich selbst eine Geschichte auszudenken – eine ganz kurze aus fünf bis sechs Sätzen und ohne Reimform. Der Anfang könnte lauten:

🔶 *„Fünf Kinder kauften sich ein Buch ..."*
🟢 *„Paul hat einen fliegenden Teppich ..."*

Wie geht die Geschichte weiter, und wer schließt den Geschichtenkreis?
Oder fünf Kinder sitzen im Kreis. Das erste greift Ihren Geschichtenanfang auf, sagt den zweiten Satz und so weiter ... Das fünfte Kind muß den Schlußsatz finden, der wieder zum Anfang führt. Das ist gar nicht so einfach, doch die Zuhörer sind gewiß behilflich.

# Vorhang auf
## Wir setzen Wörter in Szene

Kinder, die Geschichten erfinden und erzählen können, haben dabei Bilder und ganze Szenen im Kopf. Warum diese Geschichten nicht sichtbar zum Leben erwecken und in Szenen umsetzen? Dies können kleine Theaterstücke sein, in denen die Kinder selbst die Akteure sind, oder auch Figurentheater. Immer sind die Fantasie der Kinder, ihre Sprachbereitschaft und Wortgewandtheit gefordert. Und selbst wenn die Geschichte von den Kindern nicht frei erfunden wird, so sind sie beim Theaterspiel doch aufgefordert, sich in die jeweilige Figur hineinzuversetzen und mit eigenen Worten eine Szene zu füllen.

Allein schon ein Koffer oder ein alter Kleiderschrank mit Theaterutensilien motiviert Kinder, in andere Rollen zu schlüpfen. Führen Sie doch ein kleines Stück auf: „Max und Moritz und ihre Streiche". Selbst Tiere wie Käfer und Hühner können dargestellt werden.

Aber nicht allen Kindern fällt es leicht, selbst im Rampenlicht zu stehen. Sie lassen lieber die Puppen tanzen und spielen. Und wenn's Zuschauer gibt, ist es ganz wichtig, die Kinder darauf hinzuweisen, daß nur die Puppe, die spricht, sich auch bewegt – die anderen halten still.

## Figurentheater

### Zur Einstimmung

Zur Einstimmung ins Figurentheater genügt es oft, wenn Sie den Kindern ein paar Handpuppen aus dem Kasperltheater zur Verfügung stellen – schon beginnt das Spiel. Oder Sie schlagen vor, eine bereits erfundene Geschichte anderen Kindern vorzuspielen. Gemeinsam überlegen Sie, wie sich die Geschichte darstellen läßt. Dies geht auch mit Figuren aus allerlei Materialien.

Dann gibt es mindestens zwei Möglichkeiten, mit Kindern neue Figurentheaterspiele zu erfinden:

 Die Kinder nehmen aus ihrem Spielsortiment Figuren und denken sich eine passende Handlung dazu aus.

Oder sie erfinden eine Geschichte (Seite 68, 69) und suchen oder basteln dazu später die Figuren.

### Allerlei Figuren

Einfache Marionetten aus einem Taschentuch oder die bloßen Hände eignen sich bereits, um Figurentheater zu machen. Regen Sie die Kinder auch an, Materialien aus der Natur und Utensilien aus dem Alltag umzufunktionieren: Grasbüschel oder trockene Blütendolden, Wurzeln und Zapfen. Selbst aus frischem Gemüse können vor der Zubereitung Spielfiguren werden. Auch ein Kochlöffel oder eine Gabel, ein Teesieb oder ein Henkelbecher eignet sich ...

### Figuren bekommen eine Geschichte:

Gerade wenn Figuren selbst gestaltet werden, entwickeln Kinder gern schon eine Geschichte. Allein die Materialien können die Fantasie anregen und das Thema angeben:

„Wie die Schuhbürste eines Tages die Flaschenbürste kennenlernte, und welche Abenteuer sie gemeinsam mit Zahnbürste und Spülbürste erlebten."

„Wie der Bengel Lauchstengel und die ängstliche Tomate in die Schule kommen."

Kinder kann es motivieren, wenn Sie ihnen mit Bürsten, mit Gemüse oder Obst etwas vorspielen. Dies mag ein komplettes kleines Theaterstück oder eine „Geschichte mit offenem Ende" sein (siehe Seite 70,71), das heißt, an einer bestimmten Stelle hören Sie auf und fragen die Kinder, wer weiterspielen oder das Ende erzählen möchte ...

## Ein Gemüsetheater

Möchten Sie mit den Kindern Gemüsetheater spielen, bieten Sie ihnen am besten zunächst viele frische Gemüsesorten an. So können die Kinder das Gemüse drehen und wenden, bis sie eine Figur entdecken. Dabei soll-te das Gemüse möglichst ungeputzt sein, die Karotte noch ihr grünes Kleid tragen, der Sellerie noch seine zerzausten, wilden Haare (Wurzeln) und sein langes grünes Gewand haben ... Details wie eine Krone könnten noch gebastelt werden.

Woraus besteht der Königsthron? – Welche Spiele hat der Prinz wohl vorgespielt? – Was tanzt man zur Hochzeit? Einen Kartoffeltanz? – In welcher Sprache unterhalten sich die Gemüsesorten? Spricht die Karotte karottisch, Prinzessin Broccoli broccolianisch? Prinz Pomme de Terre pommesfritisch? Solche Geschichten können auch in fantastischen Sprachen gespielt werden.

Und nach dem Theaterspiel findet das Gemüse in der Küche Verwendung. Noch einmal spielt die Fantasie mit, und aus den Kartoffel-scheiben können Figuren werden. Wer findet die Karottenkrone in der Suppe wieder?

## Die Bürsten laden ein

Lustig kann es bei den Bürsten zugehen, wenn sie zum Theaterspielen antreten. Stellen Sie den Kindern möglichst viele Bürsten zur Verfügung: Spül- und Flaschenbürsten, Haarbürsten, Schuhputzbürsten, Kleiderbürsten, Nagelbürsten, Zahnbürsten ... Mit Stoffresten können die Kinder den Bürsten ein „Kleid" verleihen.

# Weißt du, was ich will?
## Wörter machen Wünsche wahr

Am Ende dieses Buches steht ein Ausflug in die Welt der Wünsche. Hier darf die Fantasie noch einmal hoch hinaus fliegen. Und unsere Sprache ist mit dabei.

Kinder haben Wünsche, und manche sogar unendlich viele. Und sie empfinden oft ein großes Bedürfnis, über Wünsche zu sprechen. Wünsche zu formulieren kann ganz wichtig sein. Denn einige gehen nur so in Erfüllung. Und manche Wünsche wohnen in uns und warten nur darauf ausgesprochen und von uns entdeckt zu werden.

Aber es werden nie alle Wünsche wahr. An manchen hängen wir ein Leben lang: Es sind Wunschträume, die wir immer gerne in unserer Fantasie durchleben und die uns Stärke und Freude schenken – auch wenn wir wissen, daß sie nie in Erfüllung gehen.

## Was wünsche ich mir?

Sprechen Sie mit den Kindern über Wünsche. Anlaß mag die Zeit vor einem Geburtstag oder vor Weihnachten sein. Sie können die Kinder aber auch durch ein Märchen einstimmen, beispielsweise durch „Dornröschen" oder „Aladin und die Wunderlampe". Fragen helfen den Kindern über ihre Wünsche nachzudenken, sich der Bedeutung von Wünschen anzunähern und sie zu formulieren.

- „Was wünschst du dir?" – „Und warum?"
- „Warum wünschst du dir das?"
- „Was tust du, damit dir ein Wunsch erfüllt wird?"
- „Wünschst du dir nur Sachen, die man kaufen kann?"
- „Was wünschst du dir von deinem Freund? Deinen Eltern? Deiner Oma?"
- „Erwartest du, daß jeder Wunsch in Erfüllung geht?"
- „Welche Wünsche sind wohl nicht erfüllbar?"
- „Kannst du dir alles wünschen, was du willst?"

Geben Sie den Kindern auch die Möglichkeit, einen oder gar alle Wünsche zu malen und darüber zu sprechen.

## Im Zauberladen der Wünsche

Heißen Sie die Kinder in einem Zauberladen der Wünsche willkommen: Bei diesem Spiel können Sie der Zauberer sein und die Wünsche ihrer kleinen Kunden entgegennehmen. Ein Spitzhut schmückt Ihren Kopf, die Ladentheke vor Ihnen ist mit einem glänzenden Tuch bedeckt. Jedes Kind hat drei Wünsche frei. Es müssen jedoch Wünsche sein, die in keinem Kaufhaus zu kaufen sind. Der Zauberer trägt mit einem goldenen Stift jeden Wunsch in sein Zauberbuch ein. Um zu prüfen, ob es auch wirklich echte Wünsche sind, kann er Fragen stellen, und der Kunde muß seine Wünsche begründen und beschreiben.

Ein Beispiel: Ein Kind wünscht sich, auf einem Schwanenrücken durch das Land zu reisen. Der Zauberer fragt: „Und wenn du am Abend müde wirst und ihr immer noch nicht zu Hause seid?" Kind: „Dann kuschle ich mich in die Schwanenfedern, die geben warm, und der Schwan erzählt mir eine Gutenachtgeschichte und bewacht mich die ganze Nacht. Dann bin ich auch nicht allein." – Zauberer: „Und wenn du am Morgen hungrig erwachst?" – Kind: „Dann holt mir der Schwan unter seinen Flügeln die leckersten Sachen hervor." ...

Ein anderes Kind wünscht sich ein Pferd. Ein Pferd, das auch fliegen kann und mit dem es die verrücktesten Abenteuer erlebt. – Welche Abenteuer könnten das wohl sein?

Bei diesem Spiel kommt es nicht nur darauf an, daß Kinder ihre Wünsche verbalisieren, sondern auch, daß sie spüren, daß in der Fantasie alles möglich ist. Da können Wünsche auftauchen, von denen ein Kind gar nichts wußte. Und noch etwas werden die Kinder erfahren: daß ihnen die Wunschträume niemand nehmen kann.

Wunschträume gehen überall hin mit: in den Sandkasten, in die Ferien, abends unter die Bettdecke ... und immer, wenn das Kind es will, sind sie da, die Wunschträume aus dem Land der Fantasie!

## Der Wunsch des kleinens Sperlings

Manche Wünsche sind nur schön, solange sie Wunschträume bleiben. Wie die Wünsche des kleinen Sperlings in dieser Geschichte.

Es war einmal ein kleiner braun-grauer Sperling. Als er noch im Nest lag, nannten seine Eltern ihn Spatz. Spatz war kleiner als seine Geschwister, aber doch kräftig genug, um eines Tages das Fliegen zu lernen. Genauso hatte er es sich gewünscht: durch die Lüfte zu schweben, wie seine Eltern!

Am ersten Flugtag war er überglücklich: „Juchhuuuu, ich kann fliegen, schweben, schaukeln, segeln", zwitscherte Spatz fröhlich und drehte sogar eine Schleife. Am nächsten Tag ging es noch viel besser, und Spatz merkte, daß er das Nest der Eltern nicht mehr brauchte. Seiner Mutter war das recht, denn Spatz war ihr letztes Kind im Nest, und sie war froh, daß er nun flügge war.

Spatz landete auf einem Kastanienbaum. Hier entdeckte er ein Nest in einer Astgabel. Die zwei Vögel, die ständig um dieses Nest herumflogen, sahen ganz anders aus als er: Sie trugen am Kopf rote, weiße und schwarze Federn, und ihre Flügel strahlten in leuchtendem Gelb!

Als es Abend wurde, schaute der gute alte Mond in den Kastanienbaum. Da erblickte er den kleinen Spatz, der ganz betrübt im Geäst saß. „Was schaust du so trübselig, kleiner Spatz? Heute morgen noch sah ich dich so glücklich durch die Lüfte fliegen." – „Ach guter Mond, ich wünschte, ich hätte auch so bunte Federn wie diese beiden Vögel hier!" – „Wenn das wirklich dein Wunsch ist, so will ich ihn dir erfüllen, denn ich habe Mitleid mit dir! Aber jetzt schlaf, denn ich muß weiterziehen und nach den anderen Vögeln und Menschenkindern sehen."

Als der kleine Spatz am nächsten Morgen erwachte, war er ganz erstaunt: erstrahlte sein Gefieder in den prächtigsten Farben. Wie glücklich war er da. Er erhob sich in die Lüfte und flog stolz über die Wiese und über die Menschen hinweg, die dort spazierengingen. Als diese über sich Tschiepen und Schilpen hörten, blickten sie hinauf. „Schau, was für ein schöner bunter Vogel! Den wünsch' ich mir für meinen Vogelkäfig", rief ein Junge. Die Mutter, die ihm jeden Wunsch erfüllte, beauftragte sofort einen Vogelfänger, der den so seltenen und buntschillernden Vogel, einfangen sollte.

Als der Spatz dies bemerkte, rettete er sich in den dichtbelaubten Kastanienbaum und blieb dort, bis der Mond am Abend zu ihm kam. „Was schaust du denn so trübselig, kleiner Spatz? Heute morgen sah ich dich so glücklich durch die Lüfte schweben." – „Ach, guter alter Mond, ich wünschte, meine Federn wären durchsichtiges Glas. Dann entdeckt mich am Himmel keiner." – Auch diesen Wunsch erfüllte ihm der gute alte Mond.

Am nächsten Tag flog Spatz mit seinen gläsernen Flügeln über die große Kirche. Dort saß auf der Spitze ein Hahn, der im Sonnenlicht golden glänzte. Spatz wollte sich zu ihm gesellen, doch er prallte mit einem seiner gläsernen Flügel ans Kirchendach und stürzte hinab. Wäre nicht am Abend der Mond gekommen und hätte ihn in den Kastanienbaum getragen, hätte man ihn wohl zertreten.

Die Nacht und noch den nächsten Tag saß Spatz ganz unglücklich im Baum. Mit dem zerbrechlichem Gefieder wollte er nicht mehr fliegen. Und als ihn am Abend der Mond besuchte, klagte der kleine Spatz ihm sein Leid. „Ach, ich wünschte, ich würde wie der goldene Hahn auf einem Kirchturm sitzen. Der kann alles von oben besehen, und niemand fügt ihm ein Leid zu." Und der gute alte Mond erfüllte ihm auch diesen Wunsch.

Am nächsten Morgen saß Spatz auf der Turmspitze einer kleinen Kapelle. „Schön ist´s hier. So gefällt es mir."

Am Abend besuchte ihn der gute alte Mond. Doch was mußte er da sehen?! Traurig, mit matten Flügeln, kauerte der kleine Spatz auf dem Türmchen. „Ach nein", sprach der Spatz zum Mond, „immerzu nur dahocken und nicht durch die Lüfte fliegen, das ist nichts für mich. Ich wünschte, ich wäre wieder ein Sperling mit braun-grauen Federn."

Als die Kinder am nächsten Morgen unter dem Kastanienbaum spielten, hörten sie ein lautes Schilpen. Sie sahen hinauf und entdeckten unseren kleinen Spatz, der glücklich, überglücklich in der Baumspitze saß und dann – husch, davonflog. Jetzt war er wieder so froh wie am ersten Flugtag.

Und wenn du heute einen Sperling erblickst, kannst du selber sehen, wie glücklich er ist.

**Renate Ferrari**, geboren 1953 in Würselen, Landkreis Aachen, hat nach ihrer Ausbildung als Erzieherin fünfzehn Jahre einen Kindergarten in der Nähe von Freiburg geleitet. Nach der Geburt ihres Sohnes gab sie ihren Beruf auf und war vielen Kindern eine wertvolle Tagesmutter. Seit sieben Jahren ist sie Chefredakteurin der Elternzeitschrift „mobile" (Verlag Herder) und arbeitet als Referentin bei verschiedenen Elternseminaren.

Im Christophorus-Verlag hat sie folgende Bücher veröffentlicht:

*Bald komm' ich in die Schule*
*Ein Eltern-Kind-Begleiter zur Vorbereitung auf die Schule*

*Fantasie für kleine Hände*
*Freies Gestalten und Basteln mit Kindern.*

Renate Ferrari lebt heute mit ihrem Mann und ihrem Sohn in Frankreich.

©1998
Christophorus-Verlag
Freiburg im Breisgau

ISBN 3-419-52891-4

Fotos: Hartmut Schmidt, Freiburg
Illustrationen: Josef Pretterer, München
Umschlaggestaltung: Network!, München
Layout und Gesamtproduktion:
Uwe Stohrer Werbung, Freiburg
Herstellung: Proost, Turnhout 1998

## Quellennachweis

S. 7
Weißt du, daß die Bäume reden. Weisheit der Indianer. Herausgegeben und übertragen von Käthe Recheis und Georg Bydlinski. Verlag Herder, Freiburg 1998.

S. 34
Cuénot, Joël: Abenteuer mit dem Schwarzen Büffel. Deutsch von Tilde Michels. Verlag Stalling, 1978, Oldenburg und Hamburg.

S. 68/69
Bolliger, Max. Copyright beim Autor.

Herzlich danken möchte ich an dieser Stelle Birgit Oesterle, die mich beim Entstehen dieses Buches mit ihrem außergewöhnlichen Engagement unterstützt hat.

Hier zeigen wir Ihnen eine Auswahl unserer beliebten und erfolgreichen Bücher – und wir haben noch viele andere im Programm. Wir informieren Sie gerne, fordern Sie einfach unsere Themenprospekte an:

## Bücher für Ihre Kinder:
Basteln, Spielen und Lernen mit Kindern

## Bücher für Ihr Hobby:
Stoff- und Seidenmalerei, Malen und Zeichnen, Keramik, Floristik

## Bücher zum textilen Handarbeiten:
Sticken, Häkeln und Patchwork

Hermann-Herder-Straße 4
79104 Freiburg i, Breisgau
Telefon: 0761 / 2717 - 268 oder
Fax: 0761 / 2717 - 352

Wir sind für Sie da, wenn Sie Fragen haben. Und wir interessieren uns für Ihre eigenen Ideen und Anregungen. Faxen Sie, schreiben Sie oder rufen Sie uns an. Wir hören gerne von Ihnen!

Ihr Christophorus-Verlag